Liebe Leserinnen und Leser,

»Elbflorenz« ist weltweit als Stadt des Barock bekannt. Weniger geläufig ist, dass es viele Spuren der Reformation und ihrer Wirkungsgeschichte zu entdecken gibt. Zweimal weilte Martin Luther in Dresden; Philipp Melanchthon besuchte oft die Residenzstadt. Nachdem die Reformation 1539 auch in diesem Landesteil wirksam wurde, avancierte Dresden zum Zentrum der Evangelisch-Lutherischen Landeskirche Sachsens.

Herzog Moritz, später Kurfürst, und Kurfürst August von Sachsen erweiterten das Schloss zu einem Repräsentationsbau der protestantischen Führungsmacht in Deutschland, die sich für die Festigung und den Erhalt der Reformation einsetzte. Auf dem prachtvollen Portal der früheren Schlosskapelle steht das Leitwort der Reformation »Das Wort Gottes bleibt in Ewigkeit«. Auch nach der Konversion Augusts des Starken zum Katholizismus blieb Dresden eine durch die Reformation geprägte Stadt.

Jochen Bohl

Die Auswirkungen für das soziale Leben, für das geistige Gefüge der Stadt, für die Musik und die bildenden Künste werden Sie bei einem Stadtrundgang auf Schritt und Tritt entdecken. Viele Zeugnisse der Reformation wurden bei den mehrfachen Zerstörungen Dresdens vernichtet, manches überdauerte, Bedeutendes wurde – wie die Frauenkirche – wieder neu aufgebaut. Sie ist ein Zeugnis von Glaubenskraft und Bürgersinn, die in ihrem Inneren durch den lutherischen Gottesdienst und die Musik geprägt ist.

Die Reformation wirkt bis heute weiter. Die große Mehrheit der Christinnen und Christen Dresdens gehört der Evangelisch-Lutherischen Landeskirche Sachsens an. Die evangelischen Hochschulen für Soziale Arbeit, Kirchenmusik und Religionspädagogik setzen ihre eigenen Akzente. Der berühmte Dresdner Kreuzchor pflegt in besonderer Weise das reiche kirchenmusikalische Erbe. Der lutherische Gottesdienst ist in den Kirchen der Stadt lebendig und die Gemeinden nehmen in ökumenischer Weite Verantwortung für die Welt wahr.

Ich lade Sie ein, Dresden als Ort der Reformation kennenzulernen.

Jochen Bohl
Landesbischof der Evangelisch-Lutherischen Landeskirche Sachsens

Inhalt

STADT AM FLUSS — *Kunstakademie, Frauenkirche, Brühlsche Terrasse, Ständehaus, Hausmannsturm und Hofkirche bilden eine malerische Silhouette an der Elbe.*

STADT DER KÜNSTE — *Dresden beeindruckt durch seine Kunstsammlungen, fördert die bildenden Künste und bietet Raum für Ausstellungen wie hier in der Skulpturenhalle des Albertinums.*

STADT DER MUSIK — *Nicht nur Staatskapelle, Philharmonie und Kreuzchor sorgen für musikalische Glanzpunkte. Wenn bei den Musikfestspielen »Dresden singt & musiziert«, ist die ganze Stadt auf den Beinen.*

Willkommen in Dresden!

—

VON HELMA OROSZ

In unmittelbarer Nachbarschaft des Rathauses befindet sich die Kreuzkirche. Sie ist – neben der Frauenkirche – das wichtigste evangelische Gotteshaus unserer Stadt. Wenn Sie die Kirche betreten, fallen Ihnen der schlichte Rauputz und die an vielen Stellen noch sichtbaren Brandspuren auf. Beim Wiederaufbau nach dem Zweiten Weltkrieg wurden die »Wundmale« der bei den Luftangriffen 1945 stark zerstörten Kirche ganz bewusst nicht retuschiert. Das gewollt Gezeichnete, Schlichte und zugleich Würdevolle blieb auch bei der Erneuerung vor ein paar Jahren erhalten. Wenn Sie sich dem Altar nähern, sehen Sie ein Bronzerelief, das die Bombenangriffe nahezu unversehrt überstanden hat. Abgebildet ist eine für Dresden und Sachsen entscheidende Szene: die erste evangelische Abendmahlsfeier am 6. Juli 1539 beim ersten offiziellen Gottesdienst nach lutherischem Verständnis. Seitdem ist das Herzogtum Sachsen evangelisch und gilt fortan als »Mutterland der Reformation«. Insofern ist die Kreuzkirche, zu der die Dresdnerinnen und Dresdner von Beginn an eine besonders innige Beziehung haben, der bedeutendste Ort der Reformation in Dresden.

Auf der anderen Elbseite, in der heutigen Inneren Neustadt, befindet sich ein weiterer wichtiger Ort. Er hat noch nichts mit der Reformation, aber mit Martin Luther zu tun: Hier stand seit dem 15. Jahrhundert das Augustinerkloster St. Erasmus. Der Augustinermönch Martin Luther inspizierte es im Mai 1516 in seiner Eigenschaft als Distriktsvikar. Nach der Reformation wurde das Kloster aufgelöst, abgerissen und an seiner Stelle der kurfürstliche Jägerhof errichtet, der heute das Museum für Sächsische Volkskunst beherbergt.

Wir kehren über die Augustusbrücke, Dresdens älteste Elbquerung, in die Altstadt zurück und nähern uns dem Residenzschloss. Noch bevor die ursprünglich spätromanische markgräfliche Burg zu einem prächtigen, vierflügeligen Renaissance-Schloss umgebaut wurde, kam Luther 1518 ein zweites und letztes Mal nach Dresden. Ein Jahr zuvor hatte er seine Reformationsthesen veröffentlicht und nun, am 25. Juli 1518, predigte er vor den Angehörigen des Hofes in der alten Dresdner Schlosskapelle. Die Predigt selbst ist nicht überliefert. Bis zum Jahr 1539 war Dresden allerdings alles andere als ein Ort der Reformation, ganz im Gegenteil. Die ältesten Dresdner Druckerzeugnisse sind Streitschriften gegen Luther! Überliefert ist jedoch, dass die Dresdner Bevölkerung gegenüber den reformatorischen Gedanken Luthers aufgeschlossen war.

Zurück über den Altmarkt, den frühesten Handelsplatz der Stadt, zur Kreuzkirche. Von hier aus, seit jenem denkwürdigen Gottesdienst am 6. Juli 1539, entwickelte sich Dresden zur Hauptstadt des führenden protestantischen Landes und zum Mittelpunkt des evangelischen Lebens in Deutschland. Daran konnte und wollte später auch Kurfürst Friedrich August I., besser bekannt als August der Starke, nichts ändern, obwohl er 1697 zum Katholizismus konvertierte, um die polnische Königskrone zu erlangen. Diesem Umstand verdanken wir den Bau gleich zweier Kirchen: der katholischen Hofkirche, auf die ich hier nicht näher eingehen werde, und der evangelischen Frauenkirche. Zwischen der Frauenkirche, der ältesten Dresdner Pfarrkirche, und der Kreuzkirche, der ältesten Dresdner Stadtkirche, wirkt eine ganz besondere Beziehung – sie hat mit der Reformation zu tun, aber auch mit Revolution!

In der Kreuzkirche artikulierte sich der Unmut über die real existierende DDR erstmals öffentlich. Von hier aus wurde der Weg zum friedlichen Dialog und zur Friedlichen Revolution gebahnt. Im benachbarten Rathaus sprach die »Gruppe der 20«, die sich am 8. Oktober 1989 auf der Prager Straße spontan aus den Reihen der Demonstranten gebildet hatte, nur einen Tag später mit dem damaligen Oberbürgermeister über Reise- und Pressefreiheit, Einführung eines Zivildienstes, Legalisierung des Neuen Forums, Wahlfreiheit, Recht auf friedliche Demonstration und Freilassung der politischen Gefangenen.

Der kollektiven Gehorsamsverweigerung des Herbstes '89 ging die Gehorsamsverweigerung Einzelner voraus. Zum Beispiel: Für den 13. Februar 1982 hatten Dresdner Christen angesichts zunehmender Militarisierung des DDR-Alltags mit illegalen Flugblättern zur Versammlung an den Trümmern der Frauenkirche aufgerufen. Seitdem zogen

an jedem 13. Februar die Dresdner mit Kerzen zur Frauenkirche und gedachten der Zerstörung ihrer Stadt – argwöhnisch beobachtet von der Staatssicherheit. Heute erinnert ein Denkmal an der Kreuzkirche an die christlich geprägte Friedensbewegung der 1980er Jahre. Die Inschrift auf den zwei monumentalen Steinwürfeln, der obere scheint zu kippen, lautet: »Schwerter zu Pflugscharen. Friedens- und Protestbewegung, die das Land veränderte. Tausende Menschen mit Kerzen stimmen an: Dona nobis pacem«. Der Weg von der Kreuzkirche zur Frauenkirche ist damit Reformations- und Revolutionsweg zugleich.

Vielleicht eines der bekanntesten im kollektiven Gedächtnis verankerten Dresdner Schwarz-Weiß-Fotos zeigt die beiden hochaufragenden Steinstümpfe der Frauenkirchenruine, davor das ebenfalls 1945 zerstörte, aber in den 1980er Jahren restaurierte Denkmal für Martin Luther. Und damit komme ich zu einem Phänomen, das vielleicht mit dem reformatorischen und später friedlich-revolutionären Dresdner Geist erklärbar ist bzw. dadurch erst möglich wurde. Ich spreche von einer beispiellosen Dresdner Erfolgsgeschichte – dem Wiederaufbau der Frauenkirche.

Als 1990 mit dem »Ruf aus Dresden« das größte Wiederaufbauprojekt der deutschen Nachkriegsgeschichte seinen Anfang nahm, war noch keinesfalls sicher, dass das Werk gelingen könnte. Im Gegenteil: Es gab zunächst auch viel Skepsis, Unverständnis und Ablehnung. Doch das wandelte sich bald. Das Aufbauwerk begeisterte nicht nur die Dresdner selber, sondern Millionen Menschen rund um den Globus. Die Weihe 2005 war ein Ereignis mit riesiger Anteilnahme weltweit. Aus einer kleinen, lokalen Initiative wuchs etwas, das Menschen auf der ganzen Welt bewegte und bis heute bewegt. Seither steht die Frauenkirche auf dem Besuchsprogramm von unseren jährlich rund zehn Millionen Besuchern ganz oben. Sie ist zweifellos – mit der unermüdlichen Unterstützung Martin Luthers, versteht sich – unsere stärkste Botschafterin! •

► **HELMA OROSZ**
wurde im Jahre 2008 zur Dresdner Oberbürgermeisterin gewählt. Seitdem ist sie auch Vorsitzende des Dresdner Stadtrates und Leiterin der Stadtverwaltung der Landeshauptstadt Dresden.

STADTFÜHRUNG

*Ein Gang durch Dresden zu Orten, die
an die Reformation erinnern:
Kreuzkirche, Schloss, Fürstenzug und Neumarkt.
Schätze aus der Reformationszeit in der
Kurfürstenbibliothek und im Stadtmuseum.*

Auf den Spuren der Reformation in Dresden

Ein Rundgang durch die Innenstadt

VON CHRISTOPH MÜNCHOW

—

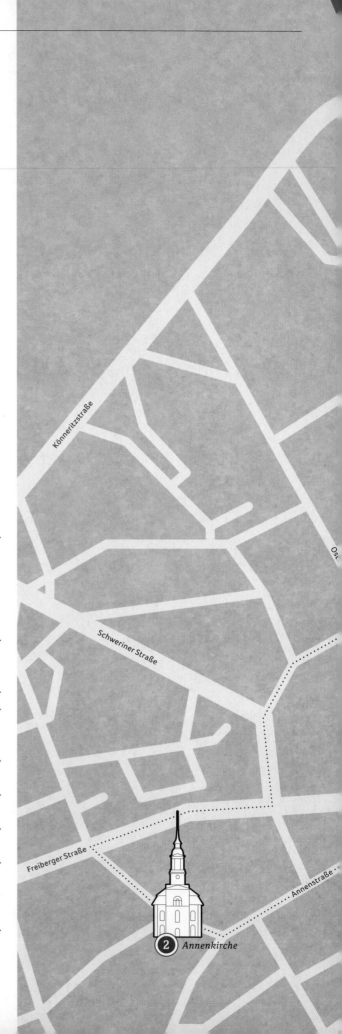

Trotz der Zerstörung der historischen Altstadt Dresdens im Februar 1945 sind Orte der Erinnerung an die Reformation in Dresden erhalten geblieben. Dazu gehören auch Kunstwerke, Monumente und Denkmäler, die an die historischen Ereignisse erinnern. Lassen Sie sich zu einem Rundgang durch die Dresdner Innenstadt einladen!

❶ Zum Beginn unseres Rundgangs betreten wir die Kreuzkirche. Das Relief am Altar (▸ S. 25) erinnert daran, dass hier am 6. Juli 1539 in einem Festgottesdienst mit dem Gesang des Kreuzchores die Reformation in Sachsen offiziell eingeführt wurde. Es ist die Ausspendung des Abendmahls in evangelischer Weise zu sehen, dazu Herzog Heinrich der Fromme, der die Reformation in diesem Teil Sachsens einführte.

Bevor 1216 Dresden als »Stadt« in Urkunden erwähnt wurde, stand hier bereits eine Nikolaikirche. Sie wurde später in »Kirche zum Heiligen Kreuz« umbenannt, da eine Partikel vom Kreuz Christi viele Wallfahrer anzog. Von Beginn an ist diese Kirche mit dem liturgischen Gesang und dem Wirken des Dresdner Kreuzchores verbunden, der einer der ältesten Knabenchöre in Deutschland ist.

◀ S. 12/13
Luftbild des
historischen
Stadtzentrums

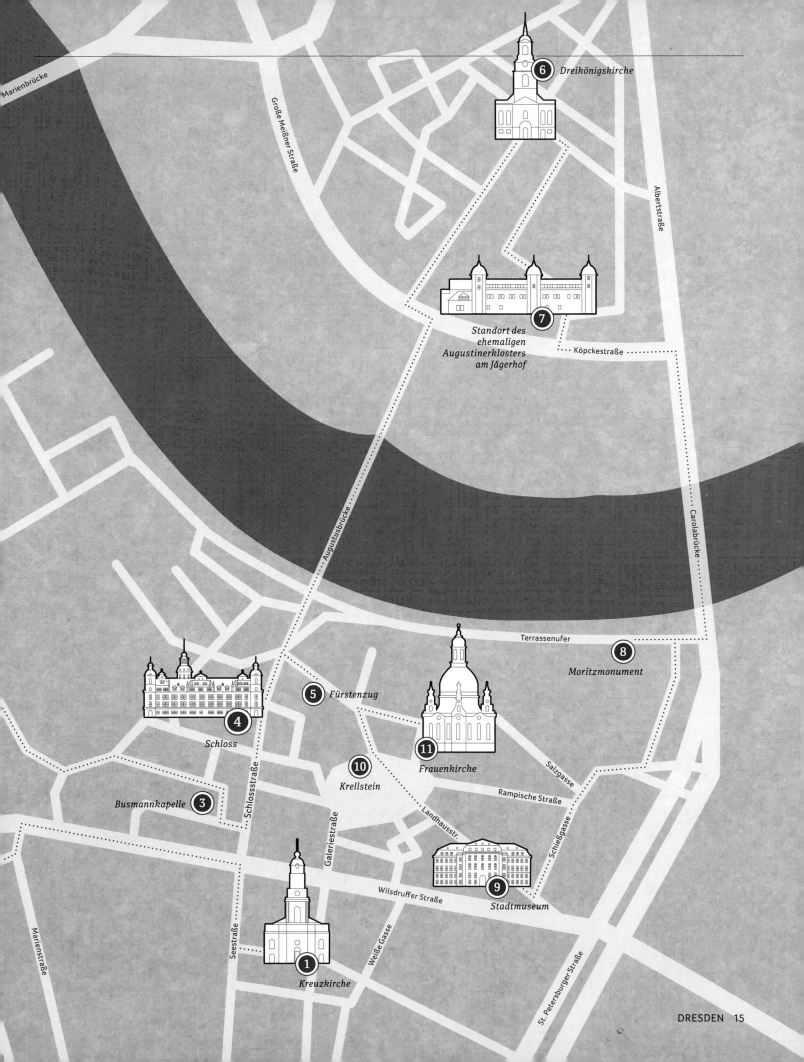

6 *Dreikönigskirche*

7 *Standort des ehemaligen Augustinerklosters am Jägerhof*

5 *Fürstenzug*

8 *Moritzmonument*

4 *Schloss*

11 *Frauenkirche*

3 *Busmannkapelle*

10 *Krellstein*

9 *Stadtmuseum*

1 *Kreuzkirche*

Marienbrücke

Große Meißner Straße

Albertstraße

Köpckestraße

Augustusbrücke

Carolabrücke

Terrassenufer

Salzgasse

Rampische Straße

Schießgasse

Schlossstraße

Galeriestraße

Landhausstr.

Wilsdruffer Straße

Weiße Gasse

St. Petersburger Straße

Seestraße

Marienstraße

Die Kirche brannte mehrmals aus und wurde zweimal zerstört, zuletzt in der Bombennacht des 13. Februar 1945. Die Brandspuren sind an der zunächst provisorischen, aber in ihrer Schlichtheit eindrucksvollen Innengestaltung noch zu erkennen. Seit 1955 konnte die Kirche wieder genutzt werden. Sie wurde zur Predigtkirche des Landesbischofs der Evangelisch-Lutherischen Landeskirche Sachsens. Zerstörung und der Wille zum Neuaufbau prägen den Geist dieser Kirche. Während der Wendezeit war sie ein Ort des Gebets und Ausgangspunkt gewaltfreier Demonstrationen. Von dem 94 Meter hohen Turm erklingt das drittgrößte Bronzegeläut Deutschlands. Es mahnt klanggewaltig zum Frieden.

② Von der Kreuzkirche gelangen wir über den Altmarkt gen Westen entlang der Wilsdruffer Straße zur Annenkirche. Sie wurde 1578 auf einer Anhöhe als erster evangelischer Kirchenneubau in Dresden mit Unterstützung des Kurfürsten August errichtet. Ab 1553 führte er fast 33 Jahre Sachsen durch gute Verwaltung und kluge Ökonomie zur Blüte. Tatkräftig unterstützte ihn Kurfürstin Anna, eine dänische Königstochter. Sie beteiligte sich an der Verwaltung der Kammergüter, förderte die Entwicklung von Obstbau und Landwirtschaft und interessierte sich für Heilkräuter und die Herstellung von Arzneien. Ihr »Aquavit« war über Sachsen hinaus geschätzt. Ihre soziale Gesinnung trug ihr den Ehrennamen »Mutter Anna« ein. Andere spotteten über die »Weiberherrschaft«, weil sie sich maßgeblich wie ihr Gemahl für die lutherische Reformation einsetzte und die Hinwendung zum Calvinismus hart bekämpfte.

Ihr Bronzestandbild von 1869 zeigt sie im Alltagsgewand mit Schlüsseln und Gebetbuch. Die Annenkirche, mit Genehmigung des Kurfürsten so genannt, wurde nach ihrer Zerstörung 1760 neu errichtet. Eine Gedenktafel erinnert, dass in der Bombennacht im Februar 1945 etwa 1.000 Menschen in der Kirche überlebten. Die Kirche brannte aus. Nach der Wiederherstellung

Busmannkapelle

war sie ab 1950 die erste im Stadtzentrum wieder benutzbare evangelische Kirche.

③ Dem Zwinger gegenüber leiten zwischen Neubauten vier Stelen den Blick zu einem Glaskubus. Er umspannt die Busmannkapelle an der Südseite der Sophienkirche, die früher hier stand. Die Stelen erinnern an die Strebepfeiler der Kirche des Franziskanerklosters, das nach 1240 entstand. Das Kloster wurde 1540 im Zuge der Reformation aufgelöst und anderweitig genutzt. Die Kirche wurde 1602 auf Betreiben der Kurfürstinwitwe Sophie als Sophienkirche wieder genutzt und Christus als Personifizierung der Weisheit (Sophia) gewidmet. Nach der Schließung der Schlosskapelle 1737 war sie die evangelische Hofkirche für die evangelischen Adligen und Bediensteten am Hof.

Die gotische Kirche wurde am 13. Februar 1945 zerstört. Die noch erhaltenen Außenmauern und Turmstümpfe wurden trotz des Protestes Dresdner Bürger auf Beschluss der Sozialistischen Einheitspartei 1962 abgerissen, um an dieser Stelle

◄
Kurfürstin Anna von Sachsen (1532–1585). Denkmal von Robert Henze (1869) vor der Annenkirche

◄ S. 16
Kreuzkirche

Mit seinen rund 23.000 Kacheln gilt der Fürstenzug als das größte Porzellanbild der Welt.

▲
Fürstenzug: Herzog
Georg und Herzog
Heinrich von Sachsen

▸ S. 19
Treppenturm und
Giebel im Großen
Schlosshof

eine Großgaststätte zu errichten. Eine gotische Kirche passte nicht in die geplante sozialistische Großstadt.

Die Busmannkapelle, eine Stiftung eines Dresdner Patriziers, wird seit 2009 unter Verwendung der erhaltenen Reste als Gedenkstätte für die Toten der Bombennacht des 13. Februar 1945 rekonstruiert. Sie erinnert an die frühere Sophienkirche, an die Widerständigkeit der nach 1933 hier wirkenden Geistlichen gegen die Überfremdung des christlichen Glaubens durch die Ideologie der »Deutschen Christen« und des Nationalsozialismus. »Gedenkt der Toten und lebt für den Frieden« ist die Botschaft, die sich den Besuchern dieser Gedenkstätte einprägt.

④ Wir gehen über die Schlossstraße zum Portal des Kleinen Schlosshofes und betreten den repräsentativen Großen Schlosshof. Das umlaufende Schriftband, die Sgrafitti und die Reliefs mit Szenen der römischen Geschichte und der Bibel zeigen den Herrschaftsanspruch Herzog Moritz'. Er erlangte nach dem Sieg der kaiserlichen Truppen über den in Wittenberg und Torgau residierenden Kurfürsten Johann Friedrich die Kurwürde. Er erweiterte das Dresdner Schloss zu einer prächtigen Renaissance-Residenz. Sein Nachfolger, Kurfürst August, vollendete die evangelische Schlosskapelle. Sie wird jetzt mit ihren Schlingrippengewölben rekonstruiert. 1737 hatte der katholische Kurfürst Friedrich August II. die Schließung und den Umbau zu Wohnräumen angeordnet.

Das Portal zur Schlosskapelle in der Art eines Triumphbogens gilt mit seinen Figuren als das edelste Portal der deutschen Renaissance. In der Mitte des Eichenportals (▸ S. 32) sehen wir Christus. Er vergibt der Ehebrecherin ihre Sünde ohne Vorleistung mit seinem Wort und ermöglicht damit eine Neuausrichtung des Lebens. Auf diesen Kernpunkt evangelischen Glaubens weisen die Buchstaben VDMIE als Abkürzung der lateinischen Form des Wahlspruches der protestantischen Wet-

6 Über die Augustusbrücke gelangen wir vorbei am goldenen Reiterstandbild Augusts des Starken zur <u>Dreikönigskirche</u>, erbaut vom Zwingerbaumeister Matthäus Daniel Pöppelmann. Unter der Orgelempore ist das zwölf Meter lange Sandsteinrelief des Dresdner Totentanzes von 1534 zu sehen. Es befand sich früher an der Nordseite des Georgentors, das Herzog Georg errichten ließ. Er war ein tiefgläubiger Fürst, dem die Reform der Kirche am Herzen lag. Er war zugleich ein erbitterter Gegner Luthers und der Wittenberger Reformation. Mit dem Abgehen von der bisherigen Ordnung befürchtete er Unfrieden und ein Schwinden von Moral und Frömmigkeit. Der Totentanz sollte allen Betrachtern die Unerbittlichkeit des Todes zeigen. Die hohen Geistlichen, die weltlichen Herrscher, die Bürgersfrau, die Bäuerin und der Geizhals mit Geldsack müssen dem Tod mit der Schalmei folgen und Rechenschaft über Unrecht und Sünde ablegen. Die nicht erhaltenen Figuren an der Nordseite und Südseite des Tores verdeutlichten, was Georg hoffte: dass die Menschen durch ihre eigenen Taten des Glaubens und der Liebe der Begnadigung und Erlösung durch Christus würdig werden sollen. Der Totentanz wurde nach dem Schlossbrand von 1701 geborgen und erhielt hier 1990 einen geschützten Standort. Die Kirche wurde 1945 zerstört, nach 1960 von der Gemeinde mit jungen Helfern der »Aktion Sühnezeichen« enttrümmert. 1990 konnte die Kirche zugleich als Tagungszentrum und Begegnungsstätte für Menschen mit Behinderungen geweiht werden.

▲
Jägerhof

▼
»Dresdner Totentanz« (1534) in der Dreikönigskirche

tiner: »Gottes Wort bleibt in Ewigkeit«. In der Schlosskapelle wirkte Heinrich Schütz, der Altmeister der evangelischen Kirchenmusik, als Hofkapellmeister.

5 Durch das Georgentor kommend erblicken wir rechts das 102 Meter lange Bild eines Reiterzuges der Herrscher des Wettinischen Fürstenhauses aus dem Jahr 1907 (▸ S. 18). Mit seinen rund 23.000 Kacheln aus Meißner Porzellan gilt der <u>Fürstenzug</u> als das größte Porzellanbild der Welt. In der Mitte sind die für die Reformationszeit bedeutenden ernestinischen Fürsten zu sehen: die Kurfürsten Friedrich der Weise, Johann der Beständige und Johann Friedrich sowie aus der albertinischen Linie Herzog Georg, Herzog Heinrich der Fromme und die Kurfürsten Moritz und August.

⑦ Wenn wir die Hauptstraße zurückgehen und uns links halten, gelangen wir zum Museum für Sächsische Volkskunst, dem früheren Jägerhof. In diesem Areal stand das Augustinerkloster St. Erasmus im damaligen Altendresden. Als verantwortlicher Ordensvikar der Augustinereremiten-Kongregation kam Martin Luther Ende April 1516 nach Dresden, um den inneren Zustand und die äußeren Verhältnisse des Klosters zu prüfen. Ein zweites Mal kam er 1518 hierher, wohnte hier und predigte am 25. Juli in der Schlosskapelle. In diesem aufgeschlossenen Kloster wurden zeitweise bei Tisch die reformatorischen Schriften von John Wiclif und Jan Hus vorgelesen. Das untersagte Herzog Georg, ebenso die Teilnahme an Ordensversammlungen, die den Reformationsprozess des Ordens einleiteten. Erste Auflösungserscheinungen des Klosters hatten sich schon 1522 gezeigt. Nach der Einführung der Reformation 1539 wurden die Kleinodien und kostbaren Gewänder dem Rat von Altendresden übereignet und das Kloster wurde aufgelöst. Die verbliebenen Ordensbrüder erhielten eine Pension. Die Klostergebäude und die Kirche wurden beim Neubau der Stadtbefestigung Altendresdens abgetragen, die Steine teilweise später zum Bau des kurfürstlichen Jägerhofes verwendet.

⑧ Über die Carolabrücke gehen wir zur Altstadt zurück. Vor unseren Augen liegt die prachtvolle Stadtsilhouette. Vorbei an der neuerbauten Synagoge, die 2001 geweiht wurde, gelangen wir zur Nordostecke der Brühlschen Terrasse am linken Elbufer. Wir erblicken das Moritzmonument. Der Tod weist auf das Stundenglas als Bild der Vergänglichkeit, während Kurfürst Moritz seinem Bruder August das Kurschwert überreicht. Das echte Schwert wird in der Rüstkammer des Schlosses aufbewahrt. Im wirklichen Leben konnte der 1553 in der Schlacht

Moritzmonument

Flasernkanzel mit Holzschnitten aus der Bartholomäuskapelle, ca. 1570. Kreuzigungsdarstellung und Porträts von Martin Luther und Kurfürst Johann Friedrich I. von Sachsen

»Sooft das Wort Gottes gepredigt wird, macht es fröhliche, sichere und lautere Gewissen vor Gott.«

MARTIN LUTHER

Kraftquelle für das Leben weisen die Symbole für Gottvater, Christus und die Taube des Heiligen Geistes. Kurfürst August setzte sich mit diesem Monument ein eigenes Denkmal. Ihn zeichnete nicht die Spontaneität und Tatkraft seines Vorgängers aus, sondern der kontinuierliche Ausbau des evangelischen Sachsens zu einer Führungsmacht.

⑨ Über die Schießgasse und die Landhausstraße gelangen wir zum Eingang des Stadtmuseums. In diesem frühklassizistischen Palais tagten 1775 bis 1907 die sächsischen Landstände. Zu den Schätzen des Museums aus der Reformationszeit gehören ein Stadtmodell (um 1520) sowie die großen Bildtafeln zu den Zehn Geboten, die Hans der Maler, ein Schüler Lucas Cranachs d. Ä., für die Kreuzkirche schuf. Sie veranschaulichen das Alltagsleben im ersten Drittel des 16. Jahrhunderts. Die Tafel zum Dritten Gebot (▶ S. 41) führt die Auseinandersetzungen über das Abendmahl vor Augen. Einerseits sehen wir die Zelebrierung des Messopfers nach katholischem Ritus, andererseits schart sich eine größere Gruppe von Zuhörenden um die Predigt, die im evangelischen Gottesdienst ins Zentrum rückte. Eine Kostbarkeit des Museums ist die »Flasernkanzel«. Die schlichte Holzkanzel ist mit einer Bildtapete (»Flasern«) geschmückt. Wir sehen eine Kreuzigungsszene sowie die Auferstehung und Himmelfahrt Christi. Bildmedaillons zeigen Martin Luther und den ernestinischen Kurfürsten Johann Friedrich, der von Wittenberg aus die Reformation im albertinischen Sachsen nach 1539 tatkräftig unterstützte.

⑩ Unser Weg führt uns an der Frauenkirche vorbei zum Krellstein. Dieser etwas größere Stein

bei Sievershausen gefallene Kurfürst das Schwert seinem jüngeren Bruder nicht übergeben. Links sehen wir in Witwentracht Agnes von Hessen, die Gemahlin von Moritz, rechts Kurfürstin Anna in höfischer Kleidung der Zeit. Auf den Glauben als

mit den Buchstaben »Kr.« ist etwa zehn Meter vor dem Friedensbrunnen in das Pflaster eingelassen. Wir stehen an dem Ort einer der spektakulärsten Hinrichtungen im 17. Jahrhundert. In seiner kurzen Regierungszeit betrieb Kurfürst Christian I. ab 1586 mit dem Kanzler Nikolaus Krell, seinem engsten Berater, eine außenpolitische Orientierung nach Frankreich und zu den calvinistisch geprägten Staaten im Westen. Der Protest der lutherischen Bevölkerung und Geistlichkeit flammte auf, als typisch lutherische Gottesdienstformen untersagt wurden. Man befürchtete eine Verschiebung des konfessionellen Kräfteverhältnisses im Reich. Der Kurfürst starb infolge seiner Trunksucht schon 1591. Die »von oben« betriebene Hinwendung zu reformiertem Gedankengut wurde abrupt rückgängig gemacht. Der Adel pochte auf seine Selbständigkeit in konfessionellen Fragen. Maßgebliche Persönlichkeiten wurden verhaftet, später des Landes verwiesen. Krell wurde nach einem langen Prozess und strenger Haft auf dem Königstein am 9. Oktober 1601 an dieser Stelle enthauptet. Das Richtschwert (▶ S. 50) wird in der Rüstkammer gezeigt, Krells Bildnis (▶ S. 51) im Stadtmuseum.

⑪ Am Ende unseres Rundgangs stehen wir vor der <u>Frauenkirche</u> mit dem Luther-Denkmal von 1885 (▶ S. 26). An diesem leicht erhöhten Platz stand bereits im 12. Jahrhundert die älteste Kirche der Stadt. Die spätere gotische Frauenkirche wurde baufällig und zu klein. Deshalb wurde 1726 der Grundstein zum Neubau der Frauenkirche mit ihrer genialen Kuppel, der »Steinernen Glocke« des Ratszimmermeisters George Bähr gelegt. 17 Jahre später war der Bau durch die evangelische Bürgerschaft vollendet – ohne die erhoffte finanzielle Unterstützung des katholisch gewordenen Kurfürsten. Die Frauenkirche ist einer der bedeutendsten protestantischen Kirchenbauten. Ihr Inneres ist vom lutherischen Gottesdienst mit der zentralen Predigt und mit festlicher Kirchenmusik geprägt. Sie überdauerte 1760 den Beschuss durch preußische Truppen und das Bombardement am 13. Februar 1945. Sie fiel aber zwei Tage später in sich zusammen. Das Foto des umgestürzten Luther-Denkmals (▶ S. 27) vor der Ruine ging um die Welt. Die Ruine wurde zu einem Symbol für die Schrecken des Krieges und für die

Krellstein

Sehnsucht nach Frieden. Nach dem Aufruf einer Bürgerinitiative im Februar 1990 konnte mit Spenden aus aller Welt der Wiederaufbau 1993 begonnen und mit der Weihe am 30. Oktober 2005 vollendet werden. Die Frauenkirche ist seither ein geistliches Zentrum und ein Anziehungspunkt für Touristen aus aller Welt. Sie ist ein Symbol für die Kraft der Versöhnung und des Friedens zwischen allen Menschen, Völkern und Religionen. ●

▶ **DR. CHRISTOPH MÜNCHOW**
wirkte bis 2011 als Oberlandeskirchenrat im Landeskirchenamt der Ev.-Luth. Landeskirche Sachsens. Zu seinen Publikationen gehören Studien zur Frauenkirche, zur Kirchengeschichte Sachsens und zur Geschichte der Stadt Dresden.

Inszenierte Reformationserinnerung

Fürsten in der Kreuzkirche

VON HANS-PETER HASSE

Der aus Königsberg in Franken stammende Bildhauer Heinrich Epler (1846–1905) schuf im Jahr 1900 für die Kreuzkirche ein Bronzerelief, das die Einführung der Reformation in Dresden am 6. Juli 1539 darstellt. Zur Inszenierung der Reformationserinnerung im Altarraum der Kreuzkirche gehören ferner zwei Plastiken von Ernst Paul, die Martin Luther mit der Heiligen Schrift und Philipp Melanchthon zeigen. Durch die Zerstörung der Kreuz-

Martin Luther.
Plastik von Ernst Paul in der Kreuzkirche, 1900

kirche am 13. Februar 1945 wurden die Skulpturen schwer beschädigt. Die nicht mehr erhaltenen Inschriften über den Reformatoren zitierten Schlagworte der reformatorischen Theologie. »Suchet in der Schrift!«, lautete das Motto über Melanchthon. Die Aufforderung »Stehet im Glauben!« über Luther brachte den Gedanken zum Ausdruck, dass der Mensch vor Gott nicht durch fromme Werke, sondern allein durch den Glauben gerechtfertigt wird.

Als am 6. Juli 1539 mit einem festlichen Gottesdienst in der Kreuzkirche die Reformation in Dresden eingeführt wurde, waren die höchsten Repräsentanten Sachsens anwesend. Links außen im Bild Eplers steht Herzog Heinrich der Fromme, der nach dem Tod seines Bruders Georg von Sachsen am 17. April 1539 die Regierung über das albertinische Sachsen übernahm und sofort daran ging, die Reformation in diesem Territorium einzuführen. Unterstützt wurde er dabei von seiner Frau Katharina von Mecklenburg, die hinter ihm steht und mit der rechten Hand ihr prachtvolles Kleid schürzt. Neben Heinrich steht der sächsische Kurfürst Johann Friedrich der Großmütige, die Hände auf das Kurschwert gestützt. Er förderte die Einführung der Reformation im albertinischen Sachsen und beauftragte die Wittenberger Reformatoren, beim Aufbau eines evangelischen Kirchenwesens zu helfen. Begleitet wird er von seiner Frau Sibylle von Kleve, die links von ihm zu sehen ist. Die Präsenz der evangelischen Fürsten in diesem Bild illustriert ihre Rolle in einem historischen Prozess, der heute als »Fürstenreformation« bezeichnet wird.

Am 6. Juli 1539 wurde in Dresden die Messe auf Deutsch gehalten und das Abendmahl unter »beiderlei Gestalt« an die Besucher des Gottesdienstes ausgeteilt. Sie empfingen nicht nur das Brot, sondern auch den Kelch mit Wein, der nach mittel-

Heinrich Epler (1846–1905): Einführung der Reformation in Dresden am 6. Juli 1539.
Bronzerelief am Altar der Kreuzkirche, 1900

alterlichem Ritus nur den Priestern vorbehalten war. Der »Laienkelch« – Empfang des Weines auch für die »Laien«, die nicht dem Klerikerstand angehörten – war eine zentrale Forderung der Reformation Martin Luthers und wurde zum Kennzeichen des evangelischen Gottesdienstes. In der Anordnung der Szene rückte der Künstler den Empfang des Kelches ins Zentrum des Bildes. Vermutlich ist hier der neu an die Kreuzkirche berufene evangelische Pfarrer Johannes Cellarius dargestellt, der wenige Tage vorher – am 27. Juni 1539 – durch den evangelischen Hofprediger Paul Lindenau in sein Amt eingeführt wurde. Unklar bleibt die Identität des Mannes am rechten Bildrand mit der Bibel im Arm. Wenn er nicht eine bestimmte historische Person darstellen soll, steht er hier als ein Typus für den gebildeten frommen Dresdner Bürger, der sich aufgeschlossen zeigt für die Reformation Martin Luthers.

Die Anregung, wie dieses Bild zur Erinnerung an die Einführung der Reformation in Dresden zu gestalten sei, dürfte der Dresdner Superintendent Franz Dibelius (1847–1924) gegeben haben, der zum Reformationsjubiläum 1889 ein Buch zur Dresdner Reformationsgeschichte herausgab. Nachdem ein Brand die Kreuzkirche am 16. Februar 1897 zerstört hatte, ergriff Dibelius die Initiative, die Neugestaltung der Kirche mit einer Erinnerung an die Einführung der Reformation zu ver-

binden. Für diese Aufgabe gewann er den Professor an der Dresdner Kunstakademie Heinrich Epler, der schon vor dem Brand 1897 mit einem Kunstwerk in der Kreuzkirche vertreten war. Das von Epler gestaltete Relief »Die Bergpredigt«, das ursprünglich für das Lesepult geschaffen wurde, hat heute über der Kanzel einen würdigen Platz gefunden. In Dresden sind heute noch weitere Werke Eplers zu finden, darunter das Portal der Kunstakademie an der Brühlschen Terrasse mit der Allegorie der christlichen Kunst. Hinweise sprechen dafür, dass Epler auf dem Bild in der Kreuzkirche seine Frau Anna dargestellt hat – die junge Frau im Zentrum des Bildes, die ein Buch an ihr Herz gedrückt hält. •

▶ **PD DR. HANS-PETER HASSE**
ist Privatdozent für Kirchengeschichte am Institut für Evangelische Theologie der Technischen Universität Dresden und Pfarrer der Ev.-Luth. Landeskirche Sachsens.

»Hier stehe ich«

Das Luther-Denkmal auf dem Dresdner Neumarkt

VON GRIT KOLTERMANN

Am 10. November 1883, dem 400. Geburtstag Martin Luthers, wurde der Grundstein für das Luther-Denkmal auf dem Dresdner Neumarkt gelegt. Zur Ehrung des Dresdner Bildhauers Ernst Rietschel (1804–1861) hatte man sich für den Abguss der Luther-Statue des Reformationsdenkmals in Worms entschieden. Am Reformationstag des Jahres 1885 erfolgte die feierliche Enthüllung des Denkmals.

Mit Rietschels vielfigurigem Reformationsdenkmal in Worms sollte das bedeutendste Monument seiner Art in Deutschland dem Luther-Gedenken gerecht werden. Zu Beginn des Jahres 1858 trat man an Rietschel heran, Entwürfe vorzulegen. Die Bildhauer und Rietschel-Schüler Adolf Donndorf und Gustav Kietz wurden an der Ausführung beteiligt und führten nach Rietschels

Luther-Denkmal auf dem Neumarkt vor der Frauenkirche von Ernst Rietschel, 1885

Johannes Schilling (1828–1910): Denkmal
für den Bildhauer Ernst Rietschel (1876) auf
der Brühlschen Terrasse

Luther-Denkmal in Wittenberg von
Johann Gottfried Schadow, 1821

Peter Richard (1895–1977): Zerstörtes Luther-
Denkmal vor der Ruine der Frauenkirche, 1945

Tod das Projekt nach seinen Plänen zu Ende. Am 25. Juni 1868 fand die Einweihungsfeier mit etwa 20.000 Gästen – darunter alle protestantischen Fürsten Deutschlands – statt.

Der Reformator trägt den Talar. Auf dem linken Unterarm liegt die geschlossene Bibel, auf der die zur Faust geballte rechte Hand ruht. Die Physiognomie Luthers wiederholt den traditionell gewordenen Luther-Typus. Der gerade, unbeirrbare Blick, der entschlossene Schritt nach vorn und die geballte Rechte vermitteln einen Ausdruck der Souveränität und Festigkeit. Rietschel schuf mit der Luther-Figur eine Maßstab setzende Darstellung des 19. Jahrhunderts. Die Zeitgenossen lobten den Rückgriff auf traditionelle Porträtkonventionen und deren Vollendung, erkannten aber zugleich den neuen Anspruch des Luther-Typus in seiner kraftvollen und kämpferischen Formensprache.

Rietschel erwähnt in seinem Tagebuch und in seinen Notizen drei Künstler, die sich – wie er selbst – intensiv mit der Figur des Martin Luther beschäftigten und mit ihren Werken Vorbilder für die Darstellung des Reformators schufen: Johann Gottfried Schadow (1764–1850), Lucas Cranach d. Ä. (1471–1553) und Lucas Cranach d. J. (1515–1586). Das Charakteristikum des Künstlers Lucas Cranachs d. Ä., des Hofmalers der sächsischen Kurfürsten, und seiner Werkstatt in Wittenberg war die Produktion größerer gemalter Bildnisserien, die zu Luthers Lebzeiten oder kurz nach seinem Tode entstanden und eine flächendeckende bildliche Präsenz des Reformators und seine Institutionalisierung im protestantischen Kirchenraum begründeten. Damit war ein vorbildhaftes Bildnisschema für die Darstellung von Reformatoren und evangelischen Geistlichen entstanden. Für die Darstellung Luthers im 19. Jahrhundert, insbesondere im Medium der Bildhauerei und Denkmalplastik, wurde die Luther-Statue Schadows (Wittenberg, 1821) die prägende Komponente, die Rietschel während seines Studiums sah – das erste monumentale, öffentliche Denkmal für eine bürgerliche Person in Deutschland.

Das Dresdner Luther-Denkmal wurde am 13. Februar 1945 schwer beschädigt. Als der Fotojournalist Peter Richard (1895–1977) im September 1945 aus der Gefangenschaft in seine Wahlheimat Dresden zurückkehrte, fotografierte er die zerstörte Stadt. Das historische Foto zeigt den am Boden liegenden Luther vor der Ruine der Frauenkirche. Heute ist das restaurierte Luther-Denkmal vor der wiederaufgebauten Frauenkirche ein markanter Ort der Erinnerung. ●

▶ GRIT KOLTERMANN M. A.
ist Kunsthistorikerin und Mitarbeiterin am Landesamt für Denkmalpflege Baden-Württemberg, Esslingen.

▶ WEITERFÜHRENDE LITERATUR
Grit Koltermann, Das Luther-Denkmal auf dem Dresdner Neumarkt und sein kunstgeschichtlicher Hintergrund. Die Dresdner Frauenkirche 14 (2010), S. 113–130.

Das Dresdner Schloss

—

VON CHRISTOPH PÖTZSCH

Als am Abend des 13. Februars 1985 der damalige SED-Chef Erich Honecker auf den kleinen Balkon der an diesem Tag wiedereröffneten Semperoper trat und den tausenden Schaulustigen auf dem Theaterplatz in einer mühsam vorgetragenen kurzen Rede mitteilte, dass nun nach dem Opernhaus auch das Dresdner Schloss wieder aufgebaut werden solle, endete für viele unermüdliche Denkmalschützer und Freunde der Dresdner Stadtgeschichte eine jahrzehntelange Zitterpartie. Der immer wieder drohende Abriss des im Krieg zerstörten Schlosses war nun endlich abgewendet. Bis heute kursiert die Geschichte, dass man Honecker mit Bedacht auf den Balkon gelotst habe, damit er im Angesicht der Schlossruine und der Menschenmassen spontan nichts anderes mehr hätte verkünden können. Das wäre in der Tat eine schöne Geschichte, aber Spontaneität war die Sache der SED-Führung nicht. Man hatte schon vorher Klarheit darüber geschaffen, dass gegenüber einer weltweit vermarktungsfähigen Semperoper auf Dauer keine rußgeschwärzte Schlossruine stehen konnte. Bis 1990 sollte, so die überehrgeizige Beschlusslage der SED, das Schloss fertiggestellt sein.

Mehr als 20 Jahre später wird an diesem Bau immer noch gearbeitet, stehen Gerüste und werden Teilabschnitte feierlich eingeweiht. Es ist in der Tat eine Mammutaufgabe, sich einem Bau zu widmen, der sich einschlägigen kunstgeschichtlichen Einordnungen widersetzt. Es ist kein Gebäudekomplex, der aus einem Guss gefertigt ist und sich allein einer Epoche zuschreiben lässt. Das Dresdner Schloss ist über Jahrhunderte gewachsen, mit dem Zeitgeist und seinen Bewohnern, den Wettinern, dem meißnischen Markgrafengeschlecht, das seit 1424 den Kurhut trug und ab 1806 die Königswürde. Mit ihnen ist der Gebäudekomplex gewachsen, hat Veränderungen, Umbauten, Stilbrüche mitgemacht, hat Zeitläufte erlebt, Geschichte geschrieben und erlitten. Er ist aber auch zum steinernen Denkmal der Religionsgeschichte in Sachsen geworden.

Die ersten Spuren des Dresdner Schlosses finden sich im Hochmittelalter. Die Belehnung der Wettiner mit der Mark Meißen ließ die gräfliche Familie zunächst ihren Sitz in Meißen nehmen. Zwar hatte schon Markgraf Heinrich im 13. Jahrhundert eine deutliche Beziehung zu Dresden, aber die Stadt und damit auch das werdende Schloss kamen erst zu Beginn des 16. Jahrhunderts ins Blickfeld der Wettiner. Nach der für die Geschichte des Landes verhängnisvollen Leipziger Teilung von 1485 nahm die albertinische Linie Besitz von Dresden. Das Schloss erfuhr eine erste Ausformung in Richtung einer Repräsentanz.

Die Einführung der Reformation war erst nach dem Tod von Herzog Georg möglich (1539), der zeitlebens ein Gegner Luthers blieb. Er hatte den Reformator bei der Leipziger Disputation erlebt, als sich dieser auf Jan Hus berief. »Das walt die Sucht!«, soll Georg, genannt der Bärtige, ausgerufen haben. Jedoch war um ihn herum, auch in seinem Hofstaat, die neue Lehre bereits durchgedrungen. Selbst sein Bruder Heinrich, der später den Beinamen »der Fromme« erhalten sollte, war bereits lutherisch geworden, wohl auch und besonders durch das Wirken seiner Ehefrau Katharina. Dies führte zu einem unerfreulichen Bruderzwist. Georg, der zur alten Lehre hielt, ließ seinen Bruder kontrollieren und schließlich auch die Geldzahlungen einstellen.

Der Kampf um die Beibehaltung der katholischen Konfession nahm im Dresdner Schloss bizarre Formen an. Georgs ältester Sohn war bereits verstorben, so dass Georg ihn nicht zu seinem Erben einsetzen konnte. Georgs Bruder Heinrich wähnte sich schon am Ziel seiner lutherischen Wünsche, als Georg den letzten Strohhalm ergriff und seinen jüngeren Sohn Friedrich ins Spiel brachte. Nur war Friedrich schwachsinnig und damit alles andere als ein respektabler Herzog in spe. Somit musste eine standesgemäße Braut gefunden werden, die den schwachsinnigen Friedrich heiraten und alsbald einen männlichen Enkel hervorbringen sollte. Dann wäre die katholische Kontinuität gesichert. Mit Mühe überzeugte man den Grafen von Mansfeld, seine Tochter Elisabeth zur Verfügung zu stellen. Die Hochzeit wurde gefeiert, wenige Tage danach starb Sohn Friedrich.

Georg stand vor den Trümmern seiner Strategie. Lediglich die Hoffnung auf eine Schwangerschaft seiner jungen Schwiegertochter stand noch. Zur Freude des alten Herzogs stellte man fest, dass Eli-

Herzog Georg von Sachsen (1471–1539) mit dem Rosenkranz in den Händen und dem Orden vom Goldenen Vlies auf der Brust. Christoph Walther I. († 1546): Dresdner Totentanz, Detail, 1534

sabeth »schwer ginge«. Aber »yn dem großen leyde und harm den sie gehabtt ist sie iezo krank«. Der schwere Gang war also ihrem Schicksal und nicht der erhofften Schwangerschaft geschuldet. Nun blieb Georg nur noch übrig, sein Testament zu machen und seinen lutherischen Bruder Heinrich zu enterben. Dieser hatte sich zur Beerdigung seines verstorbenen Neffen angesagt. Georg ließ ihn aber wissen, dass Heinrich nur kommen dürfe, wenn er zum alten Glauben zurückkehre. Das kam für Heinrich nicht in Frage, also blieb er dem Totengang fern. Wenige Tage später starb auch Georg. Heinrich trat das Erbe an und ließ Georgs Testament für rechtsunwirksam erklären. Mit Verve legte Heinrich den katholischen Priestern den Übertritt zur neuen Lehre nahe, wer es nicht tat, der hatte das Land zu verlassen. Binnen weniger Wochen war in Kursachsen die katholische Kirche von der Bildfläche verschwunden. Die lutherische Lehre siegte und wurde fortan die führende Konfession im Kurfürstentum. Nach Ende des Dreißigjährigen Krieges wurde der Protestantismus durch Festlegungen der Normaljahrregelung von 1624 als unabänderliche Landesreligion festgelegt.

Georg der Bärtige steht aber heute für den ersten Umbau des Dresdner Schlosses im Hinblick auf eine optisch wirksame Repräsentation. Die Nordseite des alten Dresdner Elbtores wurde auf seine Veranlassung neu gestaltet. Das später nach Georg benannte Tor wurde durch den Dresdner Totentanz (▶ S. 20/21) geschmückt. Dieser Totentanz stellt die menschliche Gesellschaft dar. Alle, von höchst unterschiedlichem sozialen Stand, ob Papst, ob Bauersfrau, ob Soldat oder Bettler, sind im Angesicht des Todes gleich und haben ihm zu folgen. Auch Georg, seiner eigenen Begrenztheit bewusst, hat sich in diesem Totentanz verewigen lassen. Nach dem Schlossbrand zu Beginn des 18. Jahrhunderts verschwand der steinerne Totentanz vom Georgentor, führte jahrzehntelang ein Schattendasein und ist heute, sorgfältig restauriert, in der Dresdner Dreikönigskirche zu sehen (▶ S. 79).

Nachdem Moritz, der Sohn Heinrichs, die Regentschaft im albertinischen Sachsen übernommen hatte, sah er Bedarf, für die Schlosskirche in Torgau, die auf der ernestinischen Seite stand, ein albertinisches »Gegengewicht« zu errichten. So begann man 1549 mit dem Bau einer repräsentativen lutherischen Kapelle im Dresdner Schloss. Dazu wählte man einen Raum im Nord-flügel, unweit des Hausmannsturms. Der Bau des zweigeschossigen Raums zog sich bis 1552 hin, ein Jahr später begann man mit dem Innenausbau. Eingeweiht wurde die Kapelle 1555. Die am Bau und der Innengestaltung Beteiligten galten damals als die Besten der Besten; ihre Namen klingen zum Teil heute noch. Im Gegensatz zur Torgauer Schlosskirche, die noch starke gotische Elemente enthielt, entwickelte sich die Gestaltung der neuen Dresdner Schlosskapelle bereits nach den Grundsätzen der Renaissance. Bis heute ist das prachtvolle und üppig

ausgestattete Portal vorhanden, das dem italienischen Künstler Giovanni Maria da Padova (Johann Maria von Padua) zugeschrieben wird.

Die Emporen wurden mit prachtvollen Brüstungen ausgestattet und mit Sprüchen geschmückt, die sich auf die evangelische Verkündigung des Wortes beziehen. Im 17. Jahrhundert wurde die Kapelle mehrfach nach dem herrschenden Zeitgeschmack umgestaltet. Seit 1619 wirkte hier der bedeutende Hofkapellmeister Heinrich Schütz, dessen Einfluss bereits zu seiner Lebenszeit weit über die Grenzen des Kurfürstentums hinausreichte. Schütz gilt nicht nur als der Schöpfer der ersten deutschen Oper »Daphne«, sein Wirken als geistlicher Komponist ist bis heute unsterblich. Sein Schaffen begründete

Innenansicht der Schlosskapelle mit Heinrich Schütz im Kreis seiner Kantorei. Kupferstich von David Conrad, 1676

Portal der Schloss-
kapelle mit Relief
»Christus und die
Ehebrecherin«
(Johannes 7,53–8, 11)
aus Eichenholz, 1556

nicht mehr benötigen Klengel-
schen Opernhaus errichten.

Zu Pfingsten 1737 ließ das kurfürstliche Paar die Schützkapelle
endgültig schließen. Damit endete eine fast 200-jährige Tradition.
Für einen lutherischen Gottes-
dienstraum gab es keine Veranlassung mehr. Die kurfürstliche Familie war komplett katholisch,
wesentliche Teile des Hofstaates
ebenfalls. Somit wurde der lutherischen Geistlichkeit die Sophienkirche als neue evangelische Hofkirche zugewiesen. Gleichzeitig
bedeutete man den Geistlichen,
den erzwungenen Umzug in den
Predigten nicht zu thematisieren.
Das hielt den lutherischen Superintendenten Valentin Ernst Lö-
scher aber nicht davon ab, in der
Sophienkirche den Rausschmiss
deutlich anzuprangern. Diese Predigt wurde insgeheim mitgeschrie-
ben, gedruckt, kursierte zum Leid-
wesen der kurfürstlich-königli-
chen Familie im Lande und wurde
begeistert gelesen. Infolge der größer werdenden
Familie – die Kurfürstin hatte zu diesem Zeitpunkt
bereits zwölf Kinder zur Welt gebracht – wurde die
nun ehemalige lutherische Hofkapelle zu Wohn-
zwecken umgenutzt.

1738 gab das kurfürstliche Paar den Startschuss
zum Bau der katholischen Hofkirche, die noch un-
fertig am 29. Juni 1751 geweiht und als »Schlosskirche« bezeichnet wurde. Durch einen hölzernen
Übergang wurde die Kirche mit dem Schloss verbunden, damit das kurfürstliche Paar trockenen
Fußes zur Heiligen Messe schreiten konnte. Gleichzeitig nutzte das Kurfürstenpaar die Kapelle im
Taschenbergpalais, das ein Gebäude für sich war,
aber mit dem Schloss auch durch einen Übergang
verbunden war. Der Bau der katholischen Hofkirche
war ein Paradigmenwechsel. Die Bedeutung des
Schlosses trat zurück hinter dem Anliegen, der
katholischen Konfession Raum zu geben.

den Ruhm Dresdens als europäischer Musikstadt,
der bis heute anhält. Heinrich Schütz sorgte auch
für einen moderaten Umbau der Kapelle, so dass
zwei Orgelpositive Platz fanden.

Ein konfessioneller Einschnitt in der Geschichte
Sachsens war das Jahr 1697. Kurfürst August konvertierte zur katholischen Kirche. Vorrangig war
dies seinem Streben nach der polnischen Königskrone geschuldet, die für einen Lutheraner infolge
der staatsrechtlichen Situation in Polen unmöglich
zu erreichen war. August kam erst zwei Jahre später
nach Sachsen zurück und verhielt sich religiös in-
different. Ihm genügte eine katholische Kapelle im
Schloss. Eine weitere Ausbreitung der katholischen
Konfession, die er dem Papst versprochen hatte,
sicherte er nicht. Auf Betreiben seiner Hofgeistlich-
keit ließ Kurfürst August am Gründonnerstag, dem
5. April 1708, die erste katholischen Hofkirche
im unmittelbar neben dem Schloss gelegenen und

Die sächsische Sondersituation, dass eine katholische Kurfürsten- bzw. ab 1806 Königsfamilie im protestantischen Sachsen herrschte, hielt bis zum Ende der Monarchie. Die religiöse Dimension für die Wettiner war schwierig. Auf der einen Seite waren sie sich ihres katholischen Bekenntnisses bewusst, andererseits lebten sie in einem lutherisch dominierten Umfeld. Dieser Zwiespalt zwang sie mitunter, ihre Glaubensausübung als strenge Privatsache zu pflegen. Die Errichtung der katholischen Hofkirche (1751), die mit dem Schloss verbunden war (und noch heute ist), ist dafür ebenso beredtes Zeichen wie die ambivalente Position beim Erlass der ersten geschriebenen Verfassung des Königreiches Sachsen im Jahr 1831 und wie auch die schwierige Zeit des Kulturkampfes.

Die Zerstörung des Schlosses und fast aller benachbarten historischen Bausubstanz in der Dresdner Innenstadt 1945 bildete eine schmerzhafte Zäsur in der Stadtgeschichte. Mehrfach stand das beschädigte Schloss auf der Abrissliste. Es ist mutigen Denkmalspflegern zu danken, die mit mitunter schwejkischer Schläue die Kommunisten davon abhielten, die Abrissbirne kommen zu lassen. Erst am 13. Februar 1985, als SED-Chef Honecker den Wiederaufbau verkündete, war das Zittern in Dresden vorbei. Nach und nach entstehen die alten Räume wieder und werden vorrangig den Staatlichen Kunstsammlungen Dresden zur Verfügung gestellt. Es ist zu hoffen, dass die neugierigen Touristen nicht nur die Schönheit der über lange Zeit gesammelten Kunstschätze bewundern, sondern auch die vielfältigen konfessionellen Bewegungen zur Kenntnis nehmen, die das Schloss und seine Bewohner wie auch die Dresdner prägten. •

▶ **ORDINARIATSRAT CHRISTOPH PÖTZSCH**
ist Leiter des Büros im katholischen Bistum Dresden-Meißen und Verfasser zahlreicher Bücher zur Geschichte von Dresden und Sachsen.

....

▶ **WEITERFÜHRENDE LITERATUR**
Heinrich Magirius, Die evangelische Schlosskapelle zu Dresden aus kunstgeschichtlicher Sicht, 2009; Christoph Pötzsch, Episoden um die Hofkirche zu Dresden, 2002

Bibliothek und Reformation

Zu Martin Luthers Schriften in der Sächsischen Landesbibliothek – Staats- und Universitätsbibliothek Dresden

—

VON THOMAS BÜRGER

I m Anfang war das Wort und das Wort war bei Gott, und Gott war das Wort« – damit beginnt das Johannesevangelium. Es ist offensichtlich: Das Christentum ist eine Buchreligion. Martin Luther rückte mit seiner deutschen Bibelübersetzung und seinen theologischen Lehrschriften die Bibel als Quelle und Maßstab in den Mittelpunkt, nachdem die Kirche zuvor deren Botschaft oft genug vernachlässigt hatte. Die Bibel war freilich auch früher präsent, zu denken ist etwa an die vielen hinreißenden Marienbilder des Mittelalters mit der Darstellung der Verkündigung. Das Buch im Schoße Marias kündigt die Geburt Christi an: »und das Wort ist Fleisch geworden«. Aber erst die Reformation stellte das Buch der Bücher – gemeinsam mit dem Kreuz – sichtbar in das Zentrum:

Bucheintrag Luthers in einer 1541 in Wittenberg gedruckten Lutherbibel

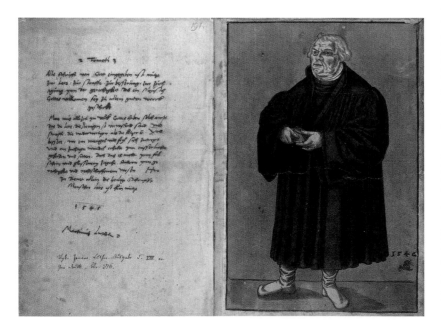

Die Kanzel rückt in die Mitte der Kirche, die Bibel liegt aufgeschlagen auf dem Altar, die Pfarrer lassen sich mit der Bibel in der Hand porträtieren.

Das Haus der Bücher ist die Bibliothek. Zunächst sind es die Klosterbibliotheken, in denen das Wissen gehütet und studiert wurde. Die Herstellung liturgischer Schriften in den Klöstern wurde von Regenten gefördert, man denke exemplarisch an das kostbare Evangeliar Heinrichs des Löwen für den Braunschweiger Dom. Abendländische Handschriften mit grandiosen Buchmalereien und Einbänden aus Gold und Silber, Edelsteinen und Elfenbein legen Zeugnis ab, dass für den heiligen Text das beste Gewand gerade gut genug war.

Die Klosterbibliotheken des Mittelalters und die Adelsbibliotheken der Renaissance repräsentierten das Wechselverhältnis von Wissen und Macht. Dass sich die Bibliotheken und damit Information und Wissen nach und nach einem breiteren Publikum öffneten, verdanken wir vor allem Martin Luther. An die Ratsherren aller Städte appellierte er 1524, »daß man Fleiß und Kosten nicht spare, um gute Bibliotheken oder Bücherhäuser zu schaffen, besonders in den großen Städten, die solches gut leisten können«. Mit seinem Einsatz für öffentliche Schulen und für die Errichtung von Stadtbibliotheken (die 1537 gegründete Ratsschulbibliothek Zwickau machte in Sachsen den Anfang) schuf er die Grundlagen für Reformation, Aufklärung und moderne Bildung.

Durch die Säkularisation gelangten viele Klosterbibliotheken in staatliche und universitäre Sammlungen, die wertvollen Bücher aus dem Kloster Altzella beispielsweise in die Bibliothek der 1409 gegründeten Landesuniversität Leipzig. Die 1556 im Dresdner Schloss gegründete kurfürstlich-königliche Bibliothek, heute die Sächsische Landesbibliothek – Staats- und Universitätsbibliothek Dresden (SLUB), sammelt seit der Renaissance und der Reformation das Wissen der Welt.

In der Schatzkammer der SLUB ist Luthers Psalmenkommentar zu besichtigen, den der Theologieprofessor zwischen 1513 und 1516 für seine Wittenberger Vorlesungen anfertigte. Die Museumsbesucher, die das Bildnis des kraftvollen Predigers vor Augen haben, wundern sich oft über die Feinheit und Zierlichkeit der eigenhändigen Niederschrift dieser ersten, vorreformatorischen Vorlesung Luthers. Seine Handschrift ist Ausdruck philologischen Fleißes und großer Akribie bei den Studien. Erhalten ist auch die originale Quittung

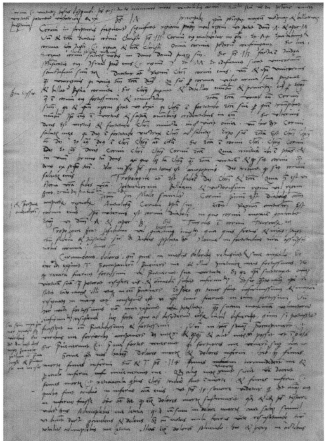

vom 9. Oktober 1512, mit der Luther den Empfang der Promotionsgebühr bestätigte, die Kurfürst Friedrich der Weise ihm in Höhe von 50 Gulden überwiesen hatte – das wohl erste deutschsprachig überlieferte Schriftstück Luthers.

Hervorzuheben sind neben einigen Dutzend originaler Briefe und Eintragungen Martin Luthers weitere eigenhändige Handschriften, darunter »Warnung an seine lieben Deutschen« (1531), »An die Pfarrherrn wider den Wucher zu predigen« (1540) oder das Autograph seiner Polemik gegen Herzog Georg von Sachsen »Wider den Meuchler zu Dresden« (1531). Während Kurfürst Friedrich der Weise Luther schützte und förderte, suchte der albertinische Wettiner Herzog Georg der Bärtige seit der Leipziger Disputation 1519 die Einführung der Reformation in Dresden mit allen Mitteln zu verhindern. Der mit Flugschriften und Schimpftiraden von beiden Seiten erbittert ausgefochtene Streit ist ein spannendes Kapitel Mediengeschichte auf dem Weg zur freien Publizistik der Neuzeit.

Mehr als 1.200 zu Lebzeiten Luthers erschienene Drucke besitzt die Dresdner Staats- und Universitätsbibliothek – und viele können inzwischen

»Drei Finger tun's (sagt man von Schreibern), aber der ganze Leib und die Seele arbeiten daran.«

MARTIN LUTHER ÜBER DAS SCHREIBEN

auch digital gelesen werden. Luther, den energischen Sucher, dürfte es freuen, dass seine Schriften bis heute lebendig und wirksam sind.   ●

▶ **PROF. DR. THOMAS BÜRGER**
  ist Generaldirektor der Sächsischen Landesbibliothek – Staats- und Universitätsbibliothek Dresden und Honorarprofessor an der Technischen Universität Dresden.

··

▶ **DIGITALISIERTE DRUCKE UND HANDSCHRIFTEN LUTHERS**
  sind zugänglich über: www.slub-dresden.de. In der »Virtuellen Schatzkammer« der Digitalen Sammlungen ist auch Luthers Psalmenvorlesung zu sehen

▲
Luthers Psalmenkommentar, Niederschrift seiner Wittenberger Vorlesung 1513–1516

◀
Luthers deutsche Psalmenübersetzung 1525 – ein Grundstein für viele Kirchenlieder

Dresden mit allen Sinnen

—

VON RALF LUNAU

Dresdner
Stollenmädchen
Lisa Strassberger

Ob Martin Luther bei einem seiner wenigen nachweisbaren Aufenthalte in Dresden Eierschecke (sächsisch: Eiorschägge) zumindest einmal probierte, erscheint wenig wahrscheinlich. Schließlich bedarf es nicht nur einigen handwerklichen Geschicks, sondern auch moderner Ofentechnik, um diesen Kuchen auf den typischen großen Blechen zu backen, der gleichzeitig aus lockerem Hefeteig, feinsäuerlichem Quark mit Rosinen und einem gelben Eischaum besteht, auf den zum Schluss ein Hauch Zucker gestreut wird. Dabei darf der Teig nicht schliffig bleiben, der Quark nicht austrocknen und der Eischaum nicht anbrennen.

Kulinarisch bot Dresden schon immer jede Menge Abwechslung und zu höchster Finesse gesteigerte Köstlichkeiten. Die geographische Lage im Elbtal mit einem milden Mikroklima und sanften, gen Süden ausgerichteten Bergen ermöglichte den Anbau guter Weine, brachte durch gute Böden jede Menge Zutaten hervorragender Qualität hervor und beflügelte durch gutes Wasser nicht nur die Braukunst. Zur Vielfalt trug das Dasein an der Grenze zwischen thüringischer Kloß- und böhmischer Knödeltradition ebenso bei wie die besonderen Spezialitäten aus dem waldreichen Erzgebirge und der agrarischen Lausitz.

Schon in vorreformatorischer Zeit gerieten bestimmte Speisen zur Chefsache. Der Christstollen durfte in der kleinen Fastenzeit vor dem Weihnachtsfest mit all seinen üppigen Zutaten nur gegessen werden, weil Papst Innocenz VIII. mit einer Bulle vom 10. Juli 1491 auf Intervention Herzog Albrechts die Verwendung von Butter gestattete. Die Regelung, dafür erhebliche Summen zum Bau der Peterskirche abführen zu müssen, nahm der Dresdner Rat offensichtlich widerspruchslos hin, denn aus Kämmereirechnungen dieser Zeit lässt sich erkennen, wie der Striezelmarkt, der seinen Namen einer anderen Bezeichnung desselben Gebäcks verdankt, zur wirtschaftlichen Prosperität der Stadt beitrug.

Mit dem Einzug der Reformation 1539 in Dresden blieb der sinnliche Zugang der Einwohner dieser Stadt zu allen Dingen ungebrochen. Die damals schon über 300 Jahre andauernde Tradition des Dresdner Kreuzchores fand ihre Fortsetzung. Und gemeinsam mit der 1548 gegründeten kursächsischen Hofkapelle, der heutigen Staatskapelle, stand der Aufführungsapparat zur Verfügung, der Heinrich Schütz in der Dresdner Amtszeit von 1615 bis 1672 einen ersten gewaltigen Höhepunkt evangelischer Kirchenmusik ermöglichte.

Ähnliches ließe sich von den bildenden Künsten berichten, für deren berühmte Sammlung Kurfürst August 1560 mit der Gründung einer Kunstkammer den Grundstein legte und die mit einer der größten und bedeutendsten Sammlungen von Werken Lucas Cranachs einen wahren Schatz bildnerischer Auseinandersetzung mit der Reformation bewahrt. Diese Sinnenfreude selbst in theologischen Dingen erscheint auch Touristen unserer Zeit augenfällig, wenn sie in der wiedererstandenen Frauenkirche gelegentlich nach dem Beginn ihrer Nutzung als protestantische Kirche fragen, um dann zu erfahren, wie dieser prächtige Bau mit seinem reichen künstlerischen Schmuck von seiner Weihe 1734 an als selbstbewusster Gegenentwurf zur Peterskirche betrachtet wurde.

Viele Kostbarkeiten der Kunstsammlungen stehen symbolisch für die Verbindung von künstlerischen und kulinarischen Freuden. Das aus 3.000 Einzelteilen bestehende Schwanenservice des Grafen Brühl, das heute in der Porzellansammlung bewundert werden kann, eignet sich durchaus, um einer großen Gesellschaft unter anderem sächsischen Sauerbraten mit Rotkraut und Klößen zu servieren. Selbst für die typischen Soßen der einheimischen Küche existieren entsprechende Gefäße. Diese Präsentation leiblicher Genüsse übertrifft wohl nur noch das vom Hofjuwelier Dinglinger angefertigte »Goldene Coffezeugk«, das im historischen Grünen Gewölbe zu sehen ist.

Die Kultivierung des Genusses exotischer Getränke im Barock weist zugleich auf eine Entwicklung Dresdens im 19. und 20. Jahrhundert als Zentrum der deutschen Genussmittelindustrie hin. Kaffee besitzt für Sachsen ja bekanntermaßen die Qualität eines Grundnahrungsmittels. Weniger bekannt sein dürfte, dass die Fa. Jordan & Timaeus 1839, also noch 30 Jahre vor ihrer Schweizer Konkurrenz, die erste Milchschokolade auf den Markt brachte und die Fa. Hartwig & Vogel einstmals den heute noch erhältlichen Tell-Apfel aus Schokolade produzierte. •

▶ **DR. RALF LUNAU**
Jurist, ist Kulturbürgermeister
der Landeshauptstadt Dresden.

Das »Goldene Coffezeugk« (1698–1701). Goldschmiedearbeit von Johann Melchior Dinglinger. Emailmalerei: Georg Friedrich Dinglinger; Elfenbeinskulpturen: Paul Heerman. Grünes Gewölbe, Staatliche Kunstsammlungen Dresden. Der Hofjuwelier Augusts des Starken verwendete über 5.600 Diamanten für diesen Tafelaufsatz, zu dem 45 Gefäße gehören

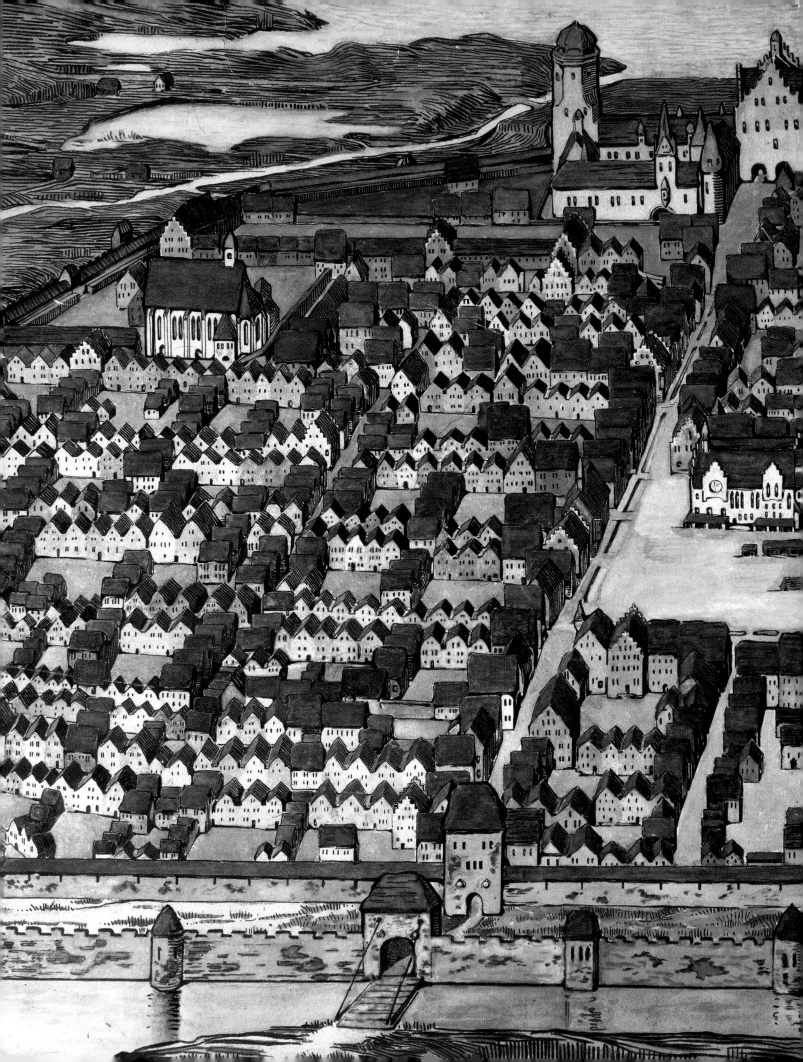

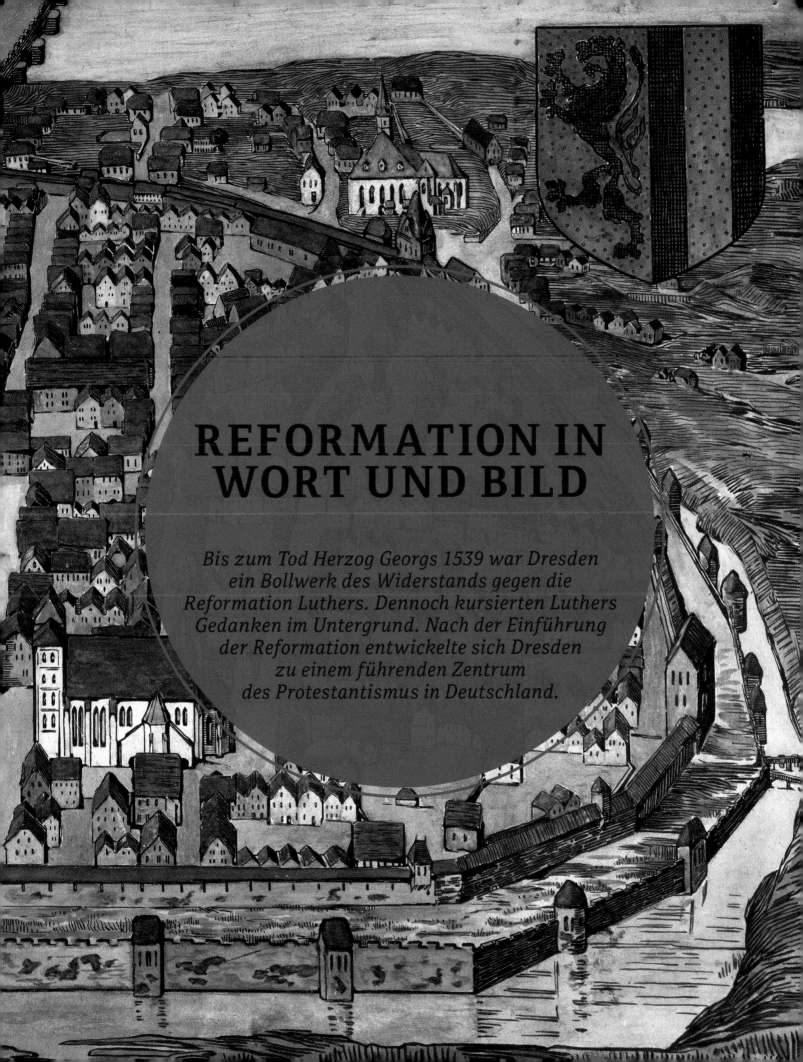

REFORMATION IN WORT UND BILD

Bis zum Tod Herzog Georgs 1539 war Dresden
ein Bollwerk des Widerstands gegen die
Reformation Luthers. Dennoch kursierten Luthers
Gedanken im Untergrund. Nach der Einführung
der Reformation entwickelte sich Dresden
zu einem führenden Zentrum
des Protestantismus in Deutschland.

Martinische Lesezirkel im Untergrund

Dresden und die Reformation

—

VON HANS-PETER HASSE

◄ S. 38/39
Stadtansicht von
Dresden 1521

Im »Dresdner Toten-
tanz« (1534) führt
der Tod den Hohen
Klerus: Papst,
Kardinal und Bischof

Wenn ein Besucher Dresdens, Anno 1535 von der Elbbrücke herkommend, auf das Dresdner Schloss zuschritt, fiel sein Blick auf ein zwölf Meter langes Sandsteinrelief an der Fassade über dem Georgentor: den »Dresdner Totentanz« (▶ S. 20/21), wo 27 Figuren dem Gevatter Tod folgen, der mit einer Schalmei den Zug anführt. Dargestellt sind die Vertreter aller Stände vom Papst bis zum Bettler. Die Reihenfolge bildet die Hierarchie der Gesellschaft ab. An der Spitze schreiten die drei höchsten Vertreter des Klerus: Papst, Kardinal und Bischof. Vier Jahre später – nach Einführung der Reformation

(1539) – wäre der noch zu »katholischer« Zeit entstandene Totentanz mit dieser Bildaussage nicht mehr am Schloss angebracht worden. Der Papst stellte für die Evangelischen im lutherische Sachsen keine Autorität mehr dar. Luther hatte ihn als »Antichrist« bezeichnet. Trotzdem ist und bleibt der Dresdner Totentanz ein eindrucksvolles Zeugnis der Frömmigkeit, die damals im spätmittelalterlichen Dresden blühte. Der Besucher, der Dresden über die Elbbrücke erreichte, hatte davon schon auf der Elbbrücke etwas spüren können, denn dort stand die Alexiuskapelle, wo täglich eine Messe gelesen wurde. Die kostbare Ausstattung der Kirchen mit Altären und Bildwerken sowie die große Zahl der Gottesdienste bezeugen das intensive religiöse Leben im spätmittelalterlichen Dresden.

Nach einem Verzeichnis der Dresdner Altarlehen aus dem Jahr 1536 wurden in jeder Woche an 44 Altären 194 (!) Messen gelesen oder gesungen. Das religiöse Leben konzentrierte sich in der Kreuzkirche, wo an 22 Altären wöchentlich 90 Messen gelesen wurden. Die übrigen Messen verteilten sich auf die Frauenkirche (46 Messen), die Schlosskirche (8 Messen) und mehrere Kapellen in und vor der Stadt: das »Beinhaus« (Friedhofskapelle) der Steinmetzen, die Rathauskapelle,

Das um 1528 in Dresden von dem Maler »Hans« gemalte Bild zum Gebot der Sonntagsheiligung zeigt die Feier der Messe mit Eucharistie und Predigt. Die Tafel wurde mit dem gesamten Zyklus der Zehn Gebote nach der Einführung der Reformation aus der Kreuzkirche entfernt und hing bis 1707 im Dresdner Rathaus. 1844 wurden die Bilder auf dem Dachboden des Neuen Rathauses »wiederentdeckt«

die Alexiuskapelle auf der Elbbrücke sowie die Kapellen im Bartholomäusspital, im Maternispital und im Jakobsspital. Somit war in neun Kirchen und Kapellen ein pulsierendes religiöses Leben institutionalisiert, zu dem auch die Stundengebete und Messen im Franziskanerkloster zu rechnen sind. Diese Zahlen werden allerdings relativiert durch die Tatsache, dass es sich bei einem Teil der Messen um »Stillmessen« handelte, die zwar pflichtgemäß von dem zuständigen Kleriker vor einem Altar zu halten waren, bei denen jedoch in der Regel keine weiteren Personen anwesend waren. Luther sah in den Stillmessen einen Missbrauch. Als er im Jahr 1516 Dresden besuchte, hatte er einen Eindruck vom religiösen Leben in der Stadt gewinnen können.

Luthers Besuche in Dresden 1516 und 1518

Ende April 1516 besuchte Martin Luther im Rahmen einer Visitationsreise das Augustinereremitenkloster (▶ S. 21) in Altendresden. Als Distriktvikar war er für die Aufsicht über die Augustinereremitenkonvente in Meißen und Thüringen zuständig, zu denen auch der Konvent in Altendresden gehörte. Hier hatte er sich um den Fall des entlaufenen Mönches Georg Baumgartner zu kümmern.

Im Juli 1518 führten ihn Ordensangelegenheiten erneut nach Dresden. Am 25. Juli predigte Luther in der Schlosskapelle – allerdings nicht in Anwesenheit von Herzog Georg, der sich damals auf dem Reichstag in Augsburg aufhielt. Luthers Bericht über diesen Aufenthalt in Dresden zeigt, dass sich gegenüber seinem ersten Besuch die Verhält-

Auch in Dresden blühte der Handel mit dem Ablass. Ablassbrief für Johannes und Brigitta Keckstein in Dresden vom 19. Dezember 1489

nisse grundlegend geändert hatten. Inzwischen war er bekannt als der Verfasser der 95 Thesen gegen den Ablass. Am Dresdner Hof bestand das Interesse, eine Predigt des Wittenberger Professors zu hören. Möglicherweise wurde er von Hieronymus Emser, dem Sekretär Herzog Georgs, angesprochen, in der Schlosskapelle zu predigen. Belegt ist, dass ihn Emser in sein Haus einlud, wo – Ironie der Geschichte! – wenige Jahre später die erste Druckerpresse in Dresden (▶ S. 54) errichtet wurde, auf der Schriften gegen den Wittenberger Reformator gedruckt wurden.

Über seinen Aufenthalt in Dresden berichtet Luther, dass es einige Leute versucht hätten, ihn zu widerlegen. Ein aus Leipzig stammender Magister und Thomist (Anhänger des Thomas von Aquin) sei da gewesen, der voller Hass auf ihn gewesen sei.

Scharf und mit unflätigen Worten habe er ihn angegriffen. Gemeint ist der Magister Johannes Kußwerth, der in Leipzig studiert hatte und seit 1511 als Schulmeister in Dresden wirkte. Das Wortgefecht wurde vor der Tür von einem Dominikaner belauscht. Als Luther den Lauscher bemerkte und zur Rede stellte, brach ein Streit los. Luther schildert die Wut seines Kontrahenten. Der Mönch habe ihn geradezu kreuzigen wollen, weil er – Luther – im Disput mit dem Magister die Argumente des Thomas von Aquin widerlegte.

Monate später erfuhr Luther, dass üble Gerüchte über ihn in Dresden kursierten. Daraufhin schrieb er am 14. Januar 1519 an den Prior des Dresdner Augustinerklosters, er habe hier – in Dresden – die »Schlangenbrut« (Lukas 3,7) erfahren, doch verachte er jene »Fratzen«, die über ihn Lügen verbreiten.

Bezeichnend ist die Namensform, mit der Luther den Brief unterzeichnete: »Martinus Eleutherius«. »Eleutherius« bedeutet: der Freie. Damit spielte Luther an auf seine »Befreiung« aus den Fesseln der scholastischen Theologie. Tatsächlich hatte er einen Namenswechsel vollzogen. Während er seine Briefe bis zum Herbst 1518 mit dem Namen seiner Familie »Luder« unterschrieb, wählte er jetzt den Namen »Luther«, abgeleitet von »Eleutherius«.

Luthers Gegner in Dresden

Bis zum Tod Herzog Georgs (1539) war Dresden ein Bollwerk gegen die Reformation Luthers. Der Herzog selbst, aber auch seine »Hoftheologen« Hieronymus Emser und Johannes Cochläus taten alles, um das Hinübergreifen der Wittenberger Reformation in das albertinische Sachsen zu verhindern. Herzog Georg war von seiner Mutter Sidonia zur Treue gegenüber der römischen Kirche erzogen worden. Intensiv bemühte er sich um eine Reform des Kirchen- und Klosterwesens in seinem Herzogtum. Trotzdem blieb er bis zu seinem Tod ein Anhänger des alten Glaubens und wurde ein entschiedener Gegner der Reformation Martin Luthers. Durch Anwendung kaiserlicher Mandate, Bücherzensur, Disziplinierung der Theologen in seinem Territorium und Ausweisung von Anhängern Luthers versuchte er, gegen das Eindringen der reformatorischen Bewegung in sein Herrschaftsgebiet vorzugehen. Die zumeist durch den Druck vervielfältigten religionspolitischen Mandate ließ Herzog Georg überall in seinem Territorium anschlagen und verkünden. In einem am 10. Februar 1522 verfügten Mandat wurde das kaiserliche Verbot, Luthers Schriften zu lesen oder zu drucken, für das herzogliche Herrschaftsgebiet eingeschärft. Der Herzog befahl, »ausgelaufene« Mönche in weltlichen Kleidern und Anhänger der Lehre Martin Luthers zu verhaften. Der Haftbefehl bezog sich auch auf Personen, die das Abendmahl in evangeli-

scher Weise unter beiderlei Gestalt (Brot und Wein) empfingen. Am 7. November 1522 wurde mit einem gedruckten Mandat Luthers Übersetzung des Neuen Testaments verboten.

Das Augustinereremitenkloster in Altendresden stand aus der Sicht des Dresdner Hofes in der Gefahr, sich zu einer »Keimzelle« für die Verbreitung lutherischer Ideen zu entwickeln. Als das Gerücht aufkam,

Streitschrift von Hieronymus Emser gegen Martin Luther (1525). Mit dem Titel des Gedichtes spielt Emser auf sein Wappentier an: den Bock

Wappentafel von Dr. Peter Eisenberg (1518) mit den Initialen »D. P. E. P.« (Doctor Petrus Eisenberg Plebanus) und dem Wappen der Stadt Halle, wo Eisenberg geboren wurde

Dr. Peter Eisenberg, Pfarrer an der Kreuzkirche von 1512 bis 1539

Johannes Cochläus, Hofkaplan Herzog Georgs von 1528 bis 1539

im Kloster würden bei den Mahlzeiten Schriften von Johann Hus und John Wiclif vorgelesen, ließ Herzog Georg dem Kloster 1521 eine Warnung zukommen. Für den Fall, dass sie den Brüdern in Wittenberg »gleichförmig« werden wollten, drohte er ihnen die Ausweisung aus der Stadt an. Offensichtlich gab es in dem Konvent Brüder, die mit den Reformideen ihrer Ordensbrüder in Wittenberg sympathisierten.

Unter der Dresdner Geistlichkeit wirkte die von Wittenberg ausgehende reformatorische Bewegung polarisierend. Ein offenes Bekenntnis zur Reformation Luthers war für die Prediger in Dresden ausgeschlossen. Trotzdem gibt es Hinweise darauf, dass sich unter den Theologen die Geister für und wider Luther schieden. So deuten die Berichte des 1527 entlassenen Hofpredigers Alexius Crosner über seine Zeit in Dresden darauf hin, dass unter der Geistlichkeit eine interne Auseinandersetzung über die Wittenberger Reformation ausgefochten wurde. Rückblickend beurteilte Crosner seine dreijährige Tätigkeit am Dresdner Hof (1524–1527) als eine Zeit voller Unruhe. Nur heimlich habe er sich mit seinen Gesinnungsgenossen treffen können, da es sonst gleich geheißen hätte, »die Lutherischen kröchen zusammen, die Ketzerei zu stärken«.

Dresden war in der Zeit bis zur Einführung der Reformation (1539) ein Zentrum der antireformatorischen Propaganda. Die Initiative zum Aufbau einer Druckerei in Dresden, die diesem Zweck diente, ergriff Hieronymus Emser, der seit 1505 als Sekretär von Herzog Georg am Dresdner Hof wirkte. Nach der Leipziger Disputation (1519) wurde Emser der engste Berater des Herzogs in der Luthersache. Im literarischen Kampf gegen Luther sah er seine Bestimmung. Zu diesem Zweck ließ er in Dresden

eine Druckerei einrichten – die sogenannte Emserpresse (▶ S. 54).

Im Jahr 1525 veröffentlichte Emser ein Gedicht gegen Martin Luther. Auf dem Titelblatt gab er sich als »Bock« mit seinem Wappen zu erkennen. Auf die Rückseite des Titelblattes ließ Emser einen Holzschnitt mit einer Darstellung Luthers drucken, die ihn als Ritter zeigt mit einem geflügelten Teufel über dem Kopf. Ein Vers Emsers erweist sich aus heutiger Perspektive als doppelsinnig: »Hätt Luther nie ein Buch geschrieben, / Teutschland wär wohl zu fried geblieben«. In der Tat war die Reformation durch die massenhafte Verbreitung der Schriften Luthers ein »Medienereignis«.

Nachfolger Emsers wurde Johannes Cochläus. 1528 übernahm er die Stelle eines Hofkaplans in Dresden. Damals war er bereits bekannt als ein profilierter Gegner Martin Luthers. Insgesamt publizierte er über 200 Schriften, darunter viele Streitschriften gegen die reformatorische Bewegung.

»Martinische« Lesezirkel im Untergrund

Aufgrund des rigorosen Vorgehens Herzog Georgs gegen »Martinianer« (Anhänger Luthers) in seinem Territorium konnte die reformatorische Bewegung in Dresden nur unter den Bedingungen der Konspiration agieren. Bislang ist kaum bekannt, dass es in Dresden lutherische Lesezirkel gab, die sich heimlich trafen. Die Rezeption der Gedanken Luthers wurde in Dresden zum Ferment für antiklerikale Aktionen. Am 5. Januar 1522 kam es zu tumultuarischen

1522 protestierten Dresdner Frauen öffentlich gegen den Klerus.

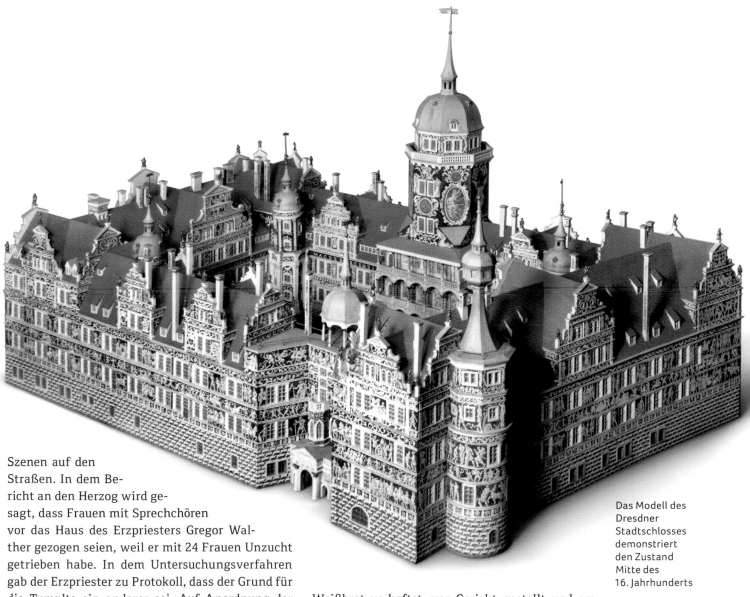

Das Modell des Dresdner Stadtschlosses demonstriert den Zustand Mitte des 16. Jahrhunderts

Szenen auf den Straßen. In dem Bericht an den Herzog wird gesagt, dass Frauen mit Sprechchören vor das Haus des Erzpriesters Gregor Walther gezogen seien, weil er mit 24 Frauen Unzucht getrieben habe. In dem Untersuchungsverfahren gab der Erzpriester zu Protokoll, dass der Grund für die Tumulte ein anderer sei. Auf Anordnung der Obrigkeit habe er Luthers Bücher öffentlich verbrennen müssen. Nun habe er die Rache der »Martinianer« zu spüren bekommen: »Welche nun Luthers Bücher lesen und seiner Lehre anhängig sind, richten mir das Spiel zu.«

Der Protest der Frauen mag der Anlass gewesen sein für das antiklerikale Gedicht, das der Dresdner Bürger Jobst Weißbrot verfasste, mit dem er sich gegen Mönche, »Pfaffen« und »Mastschweine« wandte, denen er »Hurerei« vorwarf. Über die Person Weißbrots ist kaum etwas bekannt. Er galt als »Martinianer« und beteiligte sich an heimlichen Lesezirkeln, in denen die Bibel und Schriften Luthers gelesen wurden. In seinem Dresdner Lesezirkel wird Weißbrot zuerst sein Gedicht vorgetragen haben, in dem er dazu aufrief: »Pfaffen, Mönche, Huren und Buben soll man ertränken!«. Als die herzoglichen Räte von dem Gedicht erfuhren, wurde

Weißbrot verhaftet, vor Gericht gestellt und am 14. Juli 1522 auf dem Marktplatz öffentlich bestraft. Der »Schmähbrief« wurde ihm zunächst um den Hals gehängt, am Ende musste er ihn aufessen. Über die Elbbrücke wurde er aus der Stadt vertrieben.

Die Einführung der Reformation in Dresden 1539

Am 17. April 1539 starb Herzog Georg. Als sein Bruder Heinrich der Fromme in Freiberg diese Nachricht empfing, brach er sofort nach Dresden auf, um die Regierungsgeschäfte zu übernehmen. Dieser Herrschaftswechsel zog die Einführung der Reformation im albertinischen Sachsen nach sich. Die Huldigungsreise Heinrichs durch das Herzogtum war zugleich eine Demonstration seines evangelischen Glaubens. In allen Orten, wo der Herzog die Huldigung seiner Untertanen entgegennahm, wur-

den zugleich die ersten evangelischen Gottesdienste gefeiert, erkennbar an der Ausspendung des Abendmahles unter beiderlei Gestalt mit Brot und Wein. In Dresden huldigten der Rat der Stadt und die Bürgerschaft dem neuen Herrscher am 21. April 1539. Soweit wir wissen, fand der erste evangelische Gottesdienst in Dresden am 23. April 1539 in der Schlosskapelle statt, gehalten von Heinrichs Hofprediger Paul Lindenau.

Die Stimmung in der Bevölkerung richtete sich nun gegen den Stadtpfarrer Dr. Peter Eisenberg an der Kreuzkirche, der für die altgläubige Tradition stand. Eisenberg zog daraus die Konsequenzen und bat den Rat der Stadt um seine Entlassung. Sein Nachfolger wurde Johannes Cellarius, den Herzog Heinrich auf Fürsprache Luthers und Melanchthons als ersten evangelischen Stadtpfarrer an die Kreuzkirche berief. Am 27. Juni 1539 wurde er durch den Hofprediger Paul Lindenau in sein Amt eingeführt. Am 15. Juli 1539 ernannten ihn die Visitatoren zum Superintendenten der Stadt Dresden. Cellarius verfügte über enge Beziehungen nach Wittenberg. Den Aufbau eines evangelischen Kirchenwesens in Dresden betrieb er im ständigen Kontakt mit Luther und Melanchthon. Durch seinen frühen Tod am 21. April 1542 endete sein Wirken in Dresden abrupt.

Die Einführung der Reformation wurde am 6. Juli 1539 feierlich mit einem Gottesdienst in der Kreuzkirche begangen. An dem Gottesdienst nahmen Herzog Heinrich mit seiner Gemahlin Katharina und Kurfürst Johann Friedrich I. von Sachsen teil.

Das eigentliche Reformationswerk – die Neuordnung des Kirchenwesens – wurde im Rahmen von zwei landesweiten Kirchenvisitationen durchgeführt. Dabei griff Herzog Heinrich auf personelle Unterstützung durch die Wittenberger Reformatoren zurück. Der führende Kopf der ersten Visitation war der Wittenberger Theologieprofessor Justus Jonas. Innerhalb von sechs Wochen bereiste die Visitationskommission den Meißnischen Kreis. In Dresden wurden auch die Klöster visitiert. Die Konvente der Augustinereremiten und der Franziskaner mussten sich auf die Einhaltung von acht Artikeln verpflichten. Ihnen wurde verboten, »Winkelmessen« (Privatmessen, Stillmessen) zu halten und Beichte zu hören. Das Abendmahl durfte nur noch unter beiderlei Gestalt mit Brot und Wein ausgespendet werden. Die Klöster durften keine neuen Mönche mehr aufnehmen. Jeder Bruder solle für sich entscheiden, ob er sich aus dem »gefährlichen und ärgerlichen« Klosterleben nicht lieber in den Ehestand begeben wolle. Das öffentliche Predigen und Halten von Gottesdiensten wurde untersagt. Lediglich die Stundengebete wurden in den Klöstern erlaubt, die »still« und bei verschlossenen Kirchentüren zu halten seien. Diese Maßnahmen bedeuteten für das traditionelle Leben der Dresdner Klöster das Aus.

Um den Pfarrern eine Zusammenfassung der evangelischen Lehre zur Verfügung zu stellen, sorgten die Visitatoren für einen Nachdruck des »Unterrichts der Visitatoren«. Der von Melanchthon in Zusammenarbeit mit den Wittenberger Reformatoren verfasste Text enthält eine nach Lehrartikeln geordnete Darstellung der evan-

◄ S. 46
Am Festgottesdienst zur Einführung der Reformation in Dresden am 6. Juli 1539 nahmen zwei Fürstenehepaare teil: Herzog Heinrich der Fromme (links im Vordergrund) und Katharina von Mecklenburg (links von ihm) sowie Kurfürst Johann Friedrich I. der Großmütige (mit Kurschwert) und dahinter Sibylle von Jülich-Cleve-Berg

◄
Hans Reinhart d. Ä.: Kurfürst Johann Friedrich I. von Sachsen. Medaille, 1535

gelischen Lehre, in der neben den theologischen Themen (Zehn Gebote, Gebet, Sakramente, Rechtfertigung, freier Wille, Freiheit u. a.) auch Artikel zur Ordnung der Kirche und zur Liturgie behandelt wurden.

Die Visitatoren drängten zur Fortsetzung des Reformationswerkes auf eine zweite Visitation, die in Dresden am 21. Dezember 1539 stattfand. In den Anordnungen der Visitatoren wurden kommunale, soziale und kirchliche Fragen miteinander verbunden. Die Visitatoren wiesen an, dass die Einkünfte aller frei werdenden Altarlehen dem Rat der Stadt zufallen sollten, um daraus Personalstellen für Kirchen und Schulen zu finanzieren. Bei Überschüssen solle der Rat die Mittel zu gleichen Teilen der Armenfürsorge (Gemeiner Kasten) und dem Stipendienfonds für Dresdner »Stadtkinder« zuweisen. Die Visitatoren forderten ferner die Errichtung von zwei »deutschen Schulen« für Mädchen und für Jungen. Hier ist an Elementarschulen zu denken. Weitere Festlegungen betrafen die Spitäler. Sozialgeschichtlich bedeutsam ist die von den Visitatoren geforderte Anstellung von zwei Hebammen auf Kosten der Stadt, die sich vorher dem Pfarrer (!) vorstellen sollten. Die Anordnungen zeigen, dass die Reformation die Strukturen des kommunalen Lebens einschneidend veränderte.

Die Reformation bedeutete einen Bruch mit der Tradition, der im wörtlichen Sinne auch »Abbruch« war: Altäre und Bilder, die der Heiligen- und Ma-

rienverehrung dienten, wurden abgebrochen. Die Beseitigung von anstößigen Bildern erfolgte »geordnet« unter der Aufsicht der Obrigkeit. Die Zuständigkeit lag beim Rat der Stadt. Plastiken und Gegenstände aus Edelmetall wurden eingeschmolzen. Zu keinem anderen Zeitpunkt der Stadtgeschichte – die Zerstörung 1945 ausgenommen – waren die Dresdner Kirchen so »entleert« und bilderlos wie in der Zeit unmittelbar nach der Einführung der Reformation. Entfernt wurden auch die Reliquien, darunter die Kreuzesreliquie aus der Kreuzkirche. Damit entfielen auch die Wallfahrten, die Feste und die Ablässe, die mit diesen Reliquien traditionell verbunden waren.

Nach der Einführung der Reformation reduzierte sich mit dem Wegfall der gestifteten Messen die Zahl der Gottesdienste in der Stadt erheblich. Die Franziskanerkirche und die Alexiuskapelle auf der Elbbrücke verloren ihre Funktion. Die Franziskanerkirche wurde vorübergehend als Zeughaus verwendet und war bald vom Verfall bedroht. Die 1542 noch als Steinhütte und 1550 als Wachstube genutzte Alexiuskapelle wurde abgebrochen. In den übrigen Kirchen und Kapellen der Stadt wurde weiterhin Gottesdienst gefeiert. Neu waren dabei das Singen lutherischer Choräle, die Intensivierung der Predigt und die Einführung neuer Gesangbücher sowie der Katechismen Martin Luthers, über die auch gepredigt wurde.

Der Aufbau des reformatorischen Kirchen- und Schulwesens wurde von Wittenberg aus durch Philipp Melanchthon unterstützt. Er vermittelte Lehrer und Pfarrer nach Dresden und setzte sich für Dresdner Stipendiaten ein, die in Wittenberg studierten. Ein direkter Kontakt mit der Stadt lässt sich erst für die Zeit nach Luthers Tod nachweisen. Mindestens zehnmal besuchte Melanchthon in den Jahren von 1547 bis 1559 Dresden. In der Regel waren es Angelegenheiten der Wittenberger Universität und der Kirchenpolitik, die Melanchthon hierher führten.

▶ Philipp Melanchthon (1497–1560). Bildnismedaillon von Georg Schweigger, Nürnberg, 1638

DANIEL GRESERUS
Superintendentium Dresdensium
Secundus.

Konsolidierung des Luthertums

Zu den Pfarrern, die das lutherische Profil der Kirche in Dresden nach der Einführung der Reformation prägten, gehörte Daniel Greiser (1504–1591). Von 1542 bis 1589 wirkte er als Superintendent in der Stadt.

Der Ruf nach Dresden erreichte ihn in Gießen nach dem Tod des Dresdner Superintendenten Johannes Cellarius († 21. April 1542). Greiser übernahm die schwierige Aufgabe, in einem Amtsbezirk mit 27 Landgemeinden das erst begonnene Reformationswerk weiterzuführen. Die reformatorische Neuordnung des Kirchenwesens in Dresden war seine bedeutendste Leistung. Zu den Aufgaben des Superintendenten gehörte es, Synoden einzuberufen und mit Rundbriefen die Pfarrer in seinem Amtsbezirk zu instruieren. Intensiv bemühte er

sich um die Verbesserung von Lebensführung, Bildungsstand und Seelsorgepraxis der Pfarrer.

Ein weiteres Arbeitsfeld des Superintendenten war die Mitarbeit im Konsistorium. Am 24. Februar 1580 wurde Greiser Assessor im Dresdner Oberkonsistorium, der obersten Kirchenbehörde des Kurfürstentums. Detailliert schildert er die Arbeit im Konsistorium in seiner Autobiographie: Mehrere Schreiber sind im Konsistorium beschäftigt. Beratungen werden abgehalten. An der Wand hängen ausgefertigte Briefe, die durch Boten zu befördern sind. Das Oberkonsistorium fand seinen Platz im Kanzleihaus in den »zwei Stuben über der Kanzlei«, wo auch die Synoden der Pfarrer stattfanden.

Kennzeichnend für das theologische Profil Greisers ist sein Bekenntnis zur Reformation Martin Luthers. Zu Luther und Melanchthon pflegte er persönliche Kontakte. Wiederholt bat er sie um ihren Rat. Sein Verhältnis zum Rat der Stadt war nicht immer frei von Spannungen. Als Konfliktfeld zwischen dem Rat der Stadt Dresden und dem Superintendenten erwies sich in der Folgezeit immer wieder die Frage der Besetzung von Kirchen- und Schulstellen, da der Superintendent sein Mitspracherecht in Schulangelegenheiten energisch einforderte. Gelegentlich nahm er auch inhaltlich Einfluss auf die

Innenansicht des Konsistoriums in Dresden. Buchholzschnitt in der Autobiographie von Daniel Greiser, 1587

◄

Daniel Greiser (1504–1591), Superintendent in Dresden 1542–1589

Gestaltung des Dresdner Schulwesens, so bei der Erstellung einer Schulordnung für die Kreuzschule im Jahr 1575. Hier bestand er auf einer klaren Orientierung am lutherischen Bekenntnis und auf hohen Maßstäben der humanistischen Bildung.

Als 1574 in Kursachsen die Verfolgung von Schülern und Anhängern Melanchthons einsetzte, denen »Kryptocalvinismus« – heimlicher Calvinismus – unterstellt wurde, unterstützte Greiser die Religionspolitik des Kurfürsten im Sinne eines klaren Bekenntnisses zur lutherischen Lehre. Energisch vertrat er die Abgrenzung vom Calvinismus. Als im August 1574 eine anonyme »verdächtige Schrift« auf der Treppe der Kreuzkirchenkanzel gefunden wurde, distanzierten sich die Dresdner Pfarrer in einem Schreiben an den Kurfürsten von den »greuliche und erschreckliche Lästerungen« in dieser Schrift und bekräftigten ihren Standpunkt, »kryptocalvinistische« Lehren in Dresden nicht zuzulassen.

1586 starb Kurfürst August. Sein Nachfolger Christian I. betrieb eine Politik der Öffnung gegenüber dem westeuropäischen Reformiertentum. Diese Bestrebungen waren Teil eines religionspolitischen Programms, das der Fortsetzung der Reformation und der Ausmerzung aller »katholischen« Überbleibsel dienen sollte. 1586 wurde die Verpflichtung von Pfarrern auf das Bekenntnis der lutherischen Konkordienformel abgeschafft. Ein 1588 erlassenes kurfürstliches Mandat gegen die Kanzelpolemik richtete sich vor allem gegen lutherische Prediger, die sich auf der Kanzel mit dem Calvinismus auseinandersetzten. Der neue religionspolitische Kurs führte zu Veränderungen bei den einflussreichen Positionen am Hof, an Schulen und Universitäten sowie in den Kirchen. In Dresden wurden Greiser und die lutherischen Hofprediger entlassen. Der Mann, der am Hof die politischen Entscheidungen steuerte, war innerhalb kurzer Zeit zum mächtigsten Rat aufgestiegen: Nikolaus Krell.

Der aus Leipzig stammende Krell wirkte seit 1580 als Hofrat in Dresden. Nach seiner Einsetzung als kursächsischer Kanzler (1589) und der Auflösung des Geheimen Rates zog er am Dresdner Hof die Fäden der Politik. In seinem 1587 abgelegten theologischen Bekenntnis wurde Krells Sympathie für den Calvinismus offensichtlich.

Die Neuorientierung der kursächsischen Religionspolitik hatte Folgen für die Frömmigkeitspraxis und Liturgie. Die vom Kurfürsten angeordnete Abschaffung des Exorzismus bei der Taufe bedeutete einen Einschnitt in den gewohnten Ritus. Seit frühchristlicher Zeit gehörte zur Taufliturgie der Exorzismus – die Austreibung des Teufels, um den Täufling aus der Macht des Bösen zu befreien. Auch im Taufbüchlein Martin Luthers (1526) war der Exorzismus vorgesehen. Danach hatte der Pfarrer über dem Kind zu sprechen: »Fahr aus, Du unreiner Geist, und gib Raum dem heiligen Geist«. Dieser Ritus wurde von den Reformern als Relikt aus der Zeit des Papsttums angesehen, das es zu beseitigen galt. Kurfürst Christian I. setzte selbst ein Zeichen, als er seine Tochter Dorothea ohne Exorzismus taufen ließ. Der Verzicht auf den Exorzismus wurde von allen Pfarrern in Kursachsen gefordert. Wer sich weigerte, verlor sein Amt.

Zum Programm der neuen Religionspolitik gehörte auch die Publikation theologischer Bücher. Der Hofbibliothekar Sebastian Leonhardt fungierte als Herausgeber von drei Schriften, die 1589 in der kursächsischen Hofdruckerei in Dresden gedruckt wurden: ein Gebetbuch, ein Katechismus und ein Gesangbuch. Als eine Provokation wurde der Versuch der »Verbesserung« der Lutherbibel angesehen. Der Buchdrucker Hieronymus Schütz übernahm den Druck dieser Bibelausgabe, die zunächst geheim gehalten wurde. Im Unterschied zur Wittenberger Lutherbibel wurde der Dresdner Druck nur sparsam mit Illustrationen ausgestattet. Hier wird der Einfluss reformierter Theologie deutlich. Dass nicht in Wittenberg, sondern in der Dresdner Schlossdruckerei eine neu konzipierte Bibelausgabe herausgebracht wurde, bedeutete für den kursächsischen Bibeldruck einen Bruch mit der Tradition. Nach dem Tod des Kurfürsten Christian I. wurden die vorhandenen Drucke der noch unvollendeten Bibelausgabe konfisziert. Nur wenige Exemplare blieben erhalten.

Die angestrebte reformierte Konfessionalisierung unter Kurfürst Christian I. blieb eine Episode, die mit dem Tod des Kurfürsten (1591) sofort beendet war. Der Kanzler Nikolaus Krell und die Hofprediger Salmuth und Steinbach wurden verhaftet.

Nach zehnjähriger Haft auf der Festung Königstein und einem fragwürdigen Verfahren wurde Krell am 9. Oktober 1601 wegen Störung »gemeines Vaterlandes Ruhe und Einigkeit« auf dem Jüdenhof in Dresden durch den Scharfrichter Konrad Polster öffentlich hingerichtet. Das Richtschwert ist ein Zeugnis des Anticalvinismus dieser Zeit. Auf der Klinge findet sich die Inschrift: »Cave Calviniane – D. N. K« (Hüte dich, Calvinist! D[oktor] N[ikolaus] K[rell]. »Das war ein calvinistischer Streich!«, soll der Scharfrichter gerufen haben, als er unter dem Lärm der Trommler

und Pfeifer das Haupt vom Rumpf getrennt hatte und dem Publikum triumphierend den blutenden Kopf zeigte. An diese Hinrichtung erinnert der »Krellstein« (► S. 23) auf dem Neumarkt. Mit der Hinrichtung Krells war endgültig ein Schlussstrich unter den »Kryptocalvinismus« in Kursachsen gezogen worden.

Nikolaus Krell
(1552–1601)

Das Reformationsjubiläum 1617

Das Reformationsjubiläum 1617 wurde in Kursachsen landesweit organisiert. Die Initiative lag bei dem Dresdner Oberhofprediger Matthias Hoë von Hoënegg. Für die Feier des Jubiläums gab er im Auftrag des Kurfürsten Anordnungen und Musterpredigten in den Druck. Nie zuvor hatte es in Kursachsen eine in diesem Maße zentral und inhaltlich gesteuerte kirchliche Jubelfeier gegeben wie bei dem Jubiläum von Luthers öffentlicher Ablasskritik (1517). Nach den Feiern veröffentlichte Hoënegg einen Bericht über das Jubiläum und die Texte der Predigten, die in der Dresdner Schlosskirche »in sehr grosser und volkreicher ansehnlicher Versammlung« gehalten wurden. Das Jubelfest wurde vom 31. Oktober bis zum 2. November begangen. Für diese drei Tage waren Handel und »Krämerei« verboten. Am 31. Oktober wurden um 6 Uhr früh »Freudenschüsse« abgefeuert. Die Musik in der Schlosskirche sei »sehr herrlich« und »köstlich« gewesen. Detailliert beschreibt Hoënegg den Festgottesdienst, den die Hofkapelle unter der Leitung von Heinrich Schütz musikalisch gestaltete.

Christian Maler: Medaille zum Reformationsjubiläum 1617

Der sächsische Kurfürst Johann Georg I. ließ zum Reformationsjubiläum 1617 Gedenkmedaillen prägen. Auf einer von Christian Maler geprägten Medaille stehen Kurfürst Friedrich der Weise und Luther hinter einem Tisch, auf dem das Kurschwert und die aufgeschlagene Bibel liegen. Luther hält eine brennende Kerze in die Höhe und weist mit der Linken auf die Heilige Schrift. Dem entspricht die Umschrift »Verbum Domini manet in aeternum« (Das Wort des Herrn bleibt ewiglich; Jesaja 40,8). Über Luther strahlt mit dem Tetragramm der hebräische Name Gottes (»Jhwh«). Die Rückseite zeigt das Motiv des Schwanes, das auf die Überlieferung zurückgeht, Johannes Hus habe vor seiner Hinrichtung (1415) das Kommen Luthers prophezeit. 1531 schrieb Luther: »Sankt Johannes Hus hat von mir geweissagt [...]: Sie werden jetzt eine Gans braten (denn »Hus« heißt: eine Gans); aber über hundert Jahren werden sie einen Schwan singen hören.« Die Umschrift der Medaille »MartInVs LVtherVs TheoLogIae D[octor]« enthält das Chronogramm »MIVLVVLID« (1617). Die Medaille zeigt, was für das Selbstverständnis des Luthertums von zentraler Bedeutung ist: die Bibel als das Wort Gottes und die Erinnerung an den Reformator, der das Wort der Heiligen Schrift zum Leuchten brachte – auch in Dresden! ●

▶ **WEITERFÜHRENDE LITERATUR**
Hans-Peter Hasse, Kirche und Frömmigkeit im 16. und frühen 17. Jahrhundert, in: Geschichte der Stadt Dresden. Bd. 1, hg. von Karlheinz Blaschke, Stuttgart 2005, S. 459–523

Johannes Block (Hrsg.)
Die wittenbergische Nachtigall
Luther im Gedicht
116 Seiten | 12 x 19 cm | Hardcover
ISBN 978-3-374-03422-2   EUR 14,80 [D]

Die Anthologie vereinigt 42 Gedichte über Leben und Werk Martin Luthers. Der repräsentative Gang durch die Zeit, der von Hans Sachs über Friedrich von Logau, Johann Gottfried Herder, Johann Wolfgang von Goethe, Friedrich Schiller und Theodor Fontane bis Gerhart Hauptmann, Gottfried Benn sowie Heinz Erhardt, Erich Fried, Eva Zeller und Detlev Block reicht, lädt zu einer poetischen Begegnung mit dem deutschen Reformator ein. In den kontrastierenden Dichtungen erscheint Luther als eine Jahrhundertfigur, die »man auch heute noch bewundern kann« (Gottfried Benn).

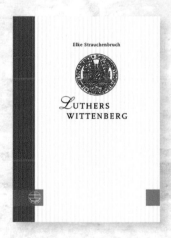

Elke Strauchenbruch
Luthers Wittenberg
248 Seiten | 13,5 x 19 cm
zahlr. farb. Abb. | Hardcover
ISBN 978-3-374-03137-5
EUR 14,80 [D]

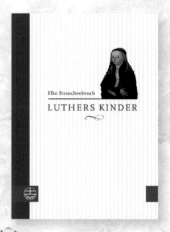

Elke Strauchenbruch
Luthers Kinder
208 Seiten | 13,5 x 19 cm
12 Abb. | Hardcover
ISBN 978-3-374-02812-2
EUR 14,80 [D]

Wie in einer Zeitreise führt uns die Autorin zurück in das Wittenberg von Martin Luther. Erstmals wird damit ein literarischer Stadtrundgang der besonderen Art vorgelegt. Er lädt zu einem Spaziergang durch Wittenbergs Weltkulturerbe ein. Das Buch vermittelt zugleich Hintergrundwissen zum geistigen Klima jener Stadt, in der die Reformation durch Luthers berühmte Thesen ihren Anfang nahm. Belegt durch zahlreiche Lutherzitate erwacht das Alltags- und Geistesleben der Lutherstadt. Man spürt hautnah, wie vor über fünfhundert Jahren gelebt, gelitten, geliebt und gelacht, aber auch gedacht wurde.

Weder Pest noch Standesunterschiede hielten Luther davon ab, eine »wunderlich gemischte Schar aus jungen Leuten, Studenten, jungen Mädchen, Witwen, alten Frauen und Kindern« aufzunehmen. Mit Humor, Liebe und Nervenstärke erzogen er und seine Frau Katharina von Bora sechs eigene und zahlreiche andere Kinder von Verwandten und Freunden. Die Historikerin Elke Strauchenbruch erzählt vom Familienleben im Hause Luther und berichtet, was aus den Kindern des großen Reformators wurde, der die »Kleinen« für die »größte und schönste Freude im Leben« hielt.

EVANGELISCHE VERLAGSANSTALT
Leipzig
www.eva-leipzig.de · Bestell-Telefon 0341 7114116 · vertrieb@eva-leipzig.de

Der erste Buchdruck in Dresden

Die Emserpresse

—

VON FRANK AURICH

D as Mitte des 15. Jahrhunderts durch Johannes Gutenberg entdeckte Buchdruckerhandwerk hat in den ersten Jahrzehnten nach seiner Erfindung eine beeindruckende Entwicklung genommen. Nachdem die »schwarze Kunst« zum Ende des 15. Jahrhunderts in Europa Fuß gefasst hatte, kam es allein im Deutschen Reich im 16. Jahrhundert in 140 Orten zur Neugründung von Druckereien. Viele dieser Neugründungen waren durch Reformatoren veranlasst. Doch nicht nur Reformatoren, sondern auch deren Gegner bedienten sich in den religiösen Auseinandersetzungen ganz bewusst des Mediums Buch. Der Zugang zu einer Druckerpresse und damit die Möglichkeit, eigene Positionen zu veröffentlichen, war ein Mittel zum Machterhalt. Das Kommunikationsmittel der frühen Neuzeit, in dem die religiösen Auseinandersetzungen öffentlich geführt wurden, war die sogenannte Flugschrift. Allein in den ersten 30 Jahren des 16. Jahrhunderts erschienen nicht weniger als 9.000 Flugschriften.

Die Bedingungen für die Veröffentlichung solcher Schriften konnten im seit 1485 geteilten Sachsen kaum unterschiedlicher sein. Im ernestinischen

Darstellung einer Druckerei am Beispiel der Werkstatt von Johann Andreas Endter Sohn und Erben in Nürnberg um 1720. Die Technik des Buchdruckes hatte sich seit Gutenbergs Erfindung kaum geändert. So gibt das Bild der Werkstatt am Beginn des 18. Jahrhunderts ein realistisches Abbild aus der Anfangszeit des Buchdrucks. Im Hintergrund stehen links der Verleger, daneben an den Setztischen vier Setzer. Im Vordergrund ist rechts der Pressmeister tätig, der den Papierbogen fixiert, daneben der Ballenmeister beim Einfärben des Papiers, während an der Presse links der eigentliche Druckvorgang stattfindet

»Herzog Georg von Sachsen sorgte für das Verbot, Lutherschriften zu drucken und zu verteilen.«

Epitaph Hieronymus Emsers aus einer Leipziger Neuauflage des Emsertestaments von 1528. Das Bild zeigt Emser mit seinem Wappen kniend vor dem an die Martersäule gebundenen Christus

Sachsen übersetzte Martin Luther unter dem Schutz des Kurfürsten Friedrich des Weisen auf der Wartburg das Neue Testament und brachte es 1522 in Wittenberg zum Druck. Wittenberg wurde während der Reformation für einige Jahre ein führender Druckort und lief damit zeitweise den älteren Druckzentren Basel, Straßburg, Köln, Frankfurt/ Main, Nürnberg, Augsburg und Leipzig den Rang ab. Im albertinischen Sachsen hingegen sorgte Herzog Georg für die konsequente Einhaltung des auf dem Reichstag von 1521 beschlossenen Wormser Edikts gegen Martin Luther und damit auch für das Verbot, Lutherschriften zu drucken und zu verbreiten.

In diesem Umfeld erschienen 1524 die ersten Bücher, die den Vermerk »Gedruckt in der fürstlichen Stadt Dresden« oder einfach nur die Angabe »Dresden« auf dem Titelblatt trugen. Angesichts der religionspolitischen Verhältnisse in Sachsen überrascht es nicht, dass der erste Vertreter von Gutenbergs Kunst in Dresden vorwiegend gegenreformatorische Schriften zum Druck brachte. Auch der bisher in Leipzig erfolgte Druck der amtlichen Ausschreiben Herzog Georgs konnte nun in der Residenzstadt erfolgen. Aus der von 1524 bis 1526 bestehenden ersten Dresdner Druckerei gingen nach heutigen Erkenntnissen 46 Drucke hervor. In keinem dieser Drucke nennt der Drucker seinen Namen. So bleibt Raum für die Überlegung, dass ein erfahrener auswärtiger Drucker das Dresdner Geschäft eingerichtet hat. Am ehesten kommt dafür der Leipziger Valentin Schumann in Frage, dessen Lettern in der ersten Dresdner Druckerei Verwendung fanden, jedoch ist der Aufenthalt Schumanns in der Elbestadt nicht nachweisbar. So kommt es, dass die erste Druckerei in Dresden heute einen Notnamen trägt, den der »Emserpresse«, benannt nach Hieronymus Emser (1478–1527), der seit 1505 als Sekretär im Dienst Herzog Georgs stand. Auch wenn Emser heute von Theologen mangelnde religiöse Substanz bescheinigt wird, war er doch in seinen letzten Lebensjahren einer der prominenten und literarisch aktivsten Gegenspieler Luthers. Allein 13 Schriften und eine Übersetzung Emsers sind in der ersten Dresdner Druckerei vervielfältigt worden. Die Namensgebung der Presse gründet sich jedoch vor allem auf ein – allerdings anzuzweifelndes – Selbstzeugnis Emsers, wonach sich die Druckerei im

Wohnhaus des herzöglichen Sekretärs befunden haben soll.

Die Themenpalette der Emserpresse war dominiert von der Polemik gegen Martin Luther und reichte von der Publizistik im Zusammenhang mit der Kanonisation des Meißner Bischofs Benno (1006–1066) über Schriften zum Bauernkrieg bis hin zum Bilderstreit sowie zur Verteidigung der Messe, der Beichte und des Ordenslebens. Zu den Schriften aus Emsers Feder zählen auch die umfänglichen »Annotationes« über Luthers Übersetzung des Neuen Testaments. Im Auftrag Herzog Georgs lieferte sein Sekretär damit die Rechtfertigung des Verbotes von Luthers Übersetzung des Neuen Testaments im albertinischen Sachsen und gleichzeitig den ersten Druck, auf dessen Titelblatt der Druckort »Dresden« genannt wird.

Die Emserpresse war mit zehn Typensätzen und einigen Holzschnitten recht solide eingerichtet. Ihre Produktion blieb aber – summarisch betrachtet – im Vergleich zu den großen Druckzentren im Reich marginal. In Dresden, einer Stadt ohne Universität, fehlte offensichtlich lange der Bedarf für eine Druckerei. Hinzu kam angesichts der strengen Bestimmungen des Wormser Edikts ein hohes unternehmerisches Risiko. Unter solch ungünstigen Bedingungen konnte sich das Buchdruckerhandwerk erst 1524, ein dreiviertel Jahrhundert nach der Erfindung Gutenbergs, in Dresden etablieren.

Fünfzehn Jahre nach dem Beginn des Buchdrucks in Dresden änderten sich mit dem Tod Herzog Georgs und der Einführung der lutherischen Reformation im albertinischen Sachsen auch die Rahmenbedingungen für das Druckgewerbe. Schon am Donnerstag nach Viti, also am 18. Juni 1539, vollendete der vorher in Leipzig und seit 1527 in Dresden tätige Buchdrucker Wolfgang Stöckel eine Psalmenauslegung von Hieronymus Weller mit einem ganz ungewöhnlichen Impressum: »Diss ist das Erste Evangelisch Büchlein so zu Dreszden durch mich Wolffgang Stöcklein gedruckt/und Dornstags nach Viti seliglich volendt ist worden 1539«. Freude und Stolz sprechen aus diesen knappen und sonst normierten Zeilen. Wie die Emserpresse in ihrer Zeit stand nunmehr auch Stöckels Dresdner Druckerei im Dienst der Religionspolitik des Landesherrn und

sorgte für die Veröffentlichung instruktiver Texte zur Durchsetzung der Reformation im albertinischen Sachsen. ●

▶ **FRANK AURICH**
ist Leiter der Abteilung »Sammlungen« der Sächsischen Landesbibliothek – Staats- und Universitätsbibliothek Dresden.

··

▶ **WEITERFÜHRENDE LITERATUR**
Frank Aurich, Die Anfänge des Buchdrucks in Dresden: Die Emserpresse 1524–1526, Dresden 2000

Hieronymus Emsers »Annotationes« zu Luthers Übersetzung des Neuen Testaments (1524): das erste Buch, auf dessen Titelblatt der Druckort Dresden genannt wurde

Lucas Cranach: Vater, Sohn und Werkstatt

Zu ausgewählten Werken in der
Dresdner Gemäldegalerie Alte Meister

—

VON BERNHARD MAAZ

Das 16. Jahrhundert ist das Zeitalter der Reformation und Gegenreformation, aber auch des Bauernkriegs und des Humanismus: widerstrebende Kräfte und Tendenzen allemal. Die Wittenberger Werkstatt Lucas Cranachs des Älteren spiegelt diese Tendenzen facettenreich wider, jedenfalls die humanistischen – etwa im Bildnis – und die Aspekte der Glaubensfragen. Cranach hatte noch in der vorreformatorischen Zeit für Fürsten, Kirchen und namentlich für das albertinische Wettin mit Stammsitz in Wittenberg gearbeitet, für das auch Künstler wie Albrecht Dürer tätig waren und kostbare Meisterwerke wie den Dresdner Altar schufen. Für die katholischen Auftraggeber zu arbeiten, das hieß, einem der potentesten Höfe im deutschen Sprachraum zu dienen.

Für die Wittenberger Schlosskirche entstand der frühe und übrigens seiner Bedeutung wegen bereits seit 1586 gelegentlich kopierte Katharinenaltar, den Cranach 1506, also kurz nach seiner Berufung, ausführte. In programmatischer Weise verschmelzen hierin die herkömmliche christliche Ikonographie, also die angestammte Art der Darstellung von Heiligen und Szenen aus dem Heiligenleben usw., und neuzeitliches humanistisches Denken, denn Katharina war die maßgebliche Patronin der Humanisten und eben nicht nur eine beliebige Heilige des Mittelalters. Dieser Altar wirkt allerdings auch wie eine grausame Vorwegnahme all dessen, was im Zeichen von reformatorischen und gegenreformatorischen Ideen und im Bauernkrieg zum Alltag des 16. Jahrhunderts werden sollte, denn das Metzeln um der Konfession willen war nicht nur Teil der retrospektiven Heiligenlegende um Katharina, sondern sollte auch den nachreformatorischen

Generationen als legitim gelten. Der Katharinenaltar, dieses frühe und kostbare Hauptwerk Cranachs in Dresden, zeigt die Heilige in jenem Moment, da sie enthauptet werden soll: Sie, die in den freien Künsten und im selbständigen Denken erzogene Königstochter aus dem 4. Jahrhundert, wurde vom Heidentum zum christlichen Glauben bekehrt und starb für diesen Glauben, nachdem sie sich in philosophischen Gesprächen geübt und auch die Gattin des regierenden Kaisers zum Glaubensübertritt bewegt hatte. Was freilich einer besonderen Unbotmäßigkeit gleichkam, weil es eine Einmischung in die Konfessionsfragen der Regenten von »unten« her verkörperte! So verschmelzen in dieser Legende und in dem Altar von Cranach Frauenrollen und Glaubensfragen der vorreformatorischen Jahrzehnte. Der lehrreiche Kerngedanke dieses 1506 entstandenen Altares ist der Gedanke der Standhaftigkeit, der Glaubensfestigkeit.

Auch das respektable Format mit der figurenreichen Darstellung der »Vertreibung der Händler aus dem Tempel« ist hier in Betracht zu ziehen: Bei

◄ S. 58
Lucas Cranach d. Ä.:
Vertreibung der
Wechsler aus dem
Tempel, um 1510

Gemäldegalerie Alte Meister

Die Gemäldegalerie Alte Meister gehört zu den Staatlichen Kunstsammlungen Dresden und befindet sich im Galeriegebäude am Zwinger.
Der 1855 nach den Plänen Gottfried Sempers errichtete Bau war eines der wichtigsten Museumsprojekte des 19. Jahrhunderts in Deutschland. Präsentiert werden Werke von Cranach, Raffael, Vermeer, Canaletto, van Eyck, Dürer, Holbein, Rubens, Rembrandt und weiteren Künstlern.

▶ Öffnungszeiten: Dienstag bis Sonntag 10 bis 18 Uhr, Montag geschlossen
   Kontakt: www.skd.museum

dieser Szene handelt es sich darum, dass Christus den Tempel reinigt, indem er die Wechsler und das Marktgeschehen aus dem Sakralraum verjagt: Damit bekämpft er archetypisch den Missbrauch des Kirchenraumes, er ficht also einen Glaubenskampf für die reine Lehre, für die Unverfälschtheit und gegen kommerzielle Interessen. Fast möchte man im Rückblick aus der nachreformatorischen Perspektive meinen, schon diese um 1510 gemalte Szene eines Altars deute an, dass eine Zeit heraufzog, in der die

Gesellschaft die Frage stellte, wie der reine Glaube gemäß der biblischen Botschaft gelebt werden könne, wie also die kommerziellen Interessen – etwa des Ablasshandels durch den Vatikan – aus der wahren Kirche herausgehalten oder eben »hinausgetrieben« werden könnten. Zumindest dies lässt sich sagen: Es herrschte ein nachdenklicher Geist schon am Jahrhundertbeginn, der nach der Reinheit der Glaubenssätze und nach der unverfälschten göttlichen Botschaft fragte.

Lucas Cranach d. Ä.:
Katharinenaltar
(Mitteltafel), 1506

In der Dresdner Galerie findet sich ein außerordentlich umfangreicher Bestand von Gemälden Lucas Cranachs und seiner Werkstatt, die der Sohn, Lucas Cranach der Jüngere, bis 1586 fortführte. Dabei war der Vater nicht nur Maler und Grafiker mit einer großen Werkstatt gewesen, sondern auch Unternehmer, Apotheker und Ratsherr. Seine Rolle als »Produzent« von Bildern in den Debatten um die Reformation manifestiert sich nicht allein in großen Altären wie etwa jenem in der Weimarer Stadtkirche und in der Arbeit an hochkomplexen Bildern wie dem figurenreichen Großformat »Elias und die Baalspriester« von 1545 in der Dresdner Galerie, sondern auch im Wirken für den Buchdruck im Dienst der Reformatoren sowie in der teilweise serienmäßigen Produktion von Bildnissen der Reformatoren und der pro-reformatorischen Landesherren. Darüber hinaus kann man feststellen, dass sich in der Malerei die vorreformatorischen Themen auch nach dem durch Luthers Thesenanschlag

Lucas Cranach d. Ä.:
Schmerzensmann
zwischen Engeln,
um 1540

Lucas Cranach d. Ä.
(Werkstatt): Philipp
Melanchthon, 1532

Lucas Cranach d. Ä.
(Werkstatt): Martin
Luther, 1532

beginnenden Konfessionsstreit fortsetzten, wenngleich partiell modifiziert.

Der wohl um 1540 gemalte, wirkungsmächtige »Schmerzensmann zwischen Engeln« zeigt den appellativ wundweisenden Christus. Das Werk verweist somit auf die zentralen Glaubensinhalte, auf das Leiden Christi, auf das in seinem Leben und dem Menschen zugewandte Wirken, auf die Veranschaulichung von Fragen nach Schuld und Sühne, nach Erleiden und Erlösung sowie nach der rechtmäßigen Stellvertretung Gottes, die in Christus verkörpert ist, deren Fortführung in der Person des Papstes aber fragwürdig geworden war. Auch dieses mit herkömmlichen Formeln operierende Bild des in sein Leiden und seinen Lebensauftrag ergebenen Jesus Christus rekurriert auf die vorreformatorische Darstellungsweise, fragt aber nicht nach der Institution Kirche, sondern eben nach der Wahrhaftigkeit des Leidens Christi und damit nach dem Heilsversprechen, nach dem Leiden und nach der Vermenschlichung biblischer Gestalten.

Nach dem Thesenanschlag, nach Luthers Exil auf der Wartburg und dem offenen polarisierenden Ausbruch reformatorischer Auseinandersetzungen wurden die Bildnisse der Akteure immer wichtiger: Glaubensfragen waren an Machtfragen, an Lagerbildungen, politische Allianzen und damit alsbald auch an die Bildnisse der reformatorischen Fürsten – darunter Johann der Beständige, bezeichnenderweise mit einer Halskette mit dem Kreuz Christi – geknüpft. Die Reformatoren standen ein für ihre Überzeugungen, und wo sie nicht *in persona* erscheinen konnten, mussten sie *in effigie* vergegenwärtigt werden, eben durch das Bild. Die Glaubensdebatten benötigten daher die Gesichter der streitbaren und aufrichtigen Diskutanten, vor allem Melanchthons und Luthers, mannigfach und Cranachs Werkstatt lieferte diese Bilder der für den Streit der Konfessionen und Positionen maßgeblichen Ikonen neuzeitlicher Kirchenstreiter.

Ersterer, Philipp Melanchthon, war 21-jährig in Wittenberg zum Professor ernannt worden. Seine theologischen Kenntnisse und Bekenntnisse mündeten bezeichnenderweise darin, dass er nicht nur genereller Ideengeber der Reformation war, sondern auch konkret Cranach motivische Anregungen für

Cranachs Werkstatt lieferte in großer Zahl Bilder von Fürsten und Reformatoren.

seine Werke lieferte. Dieser wiederum malte den jüngeren Denker, und das Porträt erfuhr bald jene vielfache Verbreitung durch Kopien, die für die immense Produktivität der Werkstatt Cranachs charakteristisch wurde. Das Dresdner Exemplar ist nur eines von vielen, die sogar bis nach Italien Verbreitung fanden, also in das Kernland der Gegenreformation.

Nicht minder weit verbreitet, ja, noch lange nach dem Tod des Dargestellten unermüdlich vervielfäl-

▲
Lucas Cranach d. Ä.:
Kurfürst Johann
der Beständige von
Sachsen, 1526

UND SIE BRACHTEN KINDLEIN ZU IM DAS ER SIE ANRÜRETT

MARCUS AM X
1538

Lucas Cranach d. Ä.:
Christus segnet die
Kinder, 1538

Lucas Cranach d. J.
(Werkstatt): Martin
Luther im Tode,
um 1574 (?)

tigt, ist das Bildnis Martin Luthers, das Cranach malte. Es ist in der gleichen außerordentlich handlichen Größe gemalt wie das Porträt Melanchthons, ja gleichsam ein Zwillingsbild. Sollte, was mitunter gemutmaßt wird, dieses Bildpaar tatsächlich durch ein Scharnier klappbar gewesen und auf Reisen mitgeführt worden sein, so wäre das ein Beispiel dafür, dass auch die Reformation auf jene Traditionen zurückgriff, die sie eigentlich kritisierte, nämlich hier auf eine Art von profaner Heiligenverehrung: Solche Diptychen waren traditionell der Darstellung Christi und Mariae vorbehalten, also des wichtigsten biblischen Personenpaares. Es mutet also geradezu ungeheuerlich an, wenn man sich vorstellt, die beiden Reformatoren seien in ähnlicher Weise als Reisealtärchen ins Handgepäck vornehmer Menschen aufgenommen worden.

In dem späten Werk Cranachs des Jüngeren »Martin Luther im Tode« wird der

ideologische Beweis geführt, dass der Reformator nicht in die Hölle fahren werde, wie seine Widersacher ihm jahrzehntelang prophezeiten, sondern dass er friedlich entschlafen ist und somit also von Gott gnädig aufgenommen wurde. Auch dieses Bild existiert in mehreren Fassungen, davon eine besonders kostbare in Dresden.

Mit der Tafel »Christus segnet die Kinder« von 1538 zu dem allbekannten »Lasset die Kindlein zu mir kommen« sowie mit der »Predigt Johannes des Täufers« von 1543 umkreist Cranach wesentliche Bilder eines modernen Gemeindebegriffs. Die Kinder – unbescholten, rein und gottgegeben – sollten ihren unverfälschten Weg zum rechten Glauben im Sinne Christi finden, und die Predigt des Johannes ist eine mustergültige Vorformulierung desjenigen Stellenwertes, den die Predigt als seelsorgerliche Zuwendung zur Gemeinde im protestantischen Ritus finden sollte. Insofern verkörpern beide Bilder zentrale Anliegen der Reformation, nämlich ein »Zurück zur Wahrhaftigkeit«, das Jahrhunderte

Lucas Cranach d. J.:
Predigt Johannes
des Täufers, 1543

später in Rousseaus »Zurück zur Natur« eine erweiterte Wiederbelebung fand. Gerade die Predigt des Johannes fand auch im Holzschnitt weite Verbreitung, und bezeichnenderweise findet sie immer – in der Natur statt.

In der Dresdner Gemäldegalerie, die ab 2013 einem mehrjährigen Sanierungsprozess in Teilschritten unterzogen wird, kann man trotz der Sanierung weiterhin die wichtigsten Werke Cranachs studieren. Nicht nur die weltlichen Porträts wie jene Heinrichs und Katharinas, nicht nur die Bilder von Weibermacht und Männertreue, nicht nur die zahlreichen Sujets aus der Lebens- und Wirkungsgeschichte Christi sind hier vorhanden, sondern auch die zwei wunderbaren, humorvollen, figurenreichen, großformatigen Tafeln mit dem schlafenden und dem erwachenden Herkules. In jener Zeit wurden Glaubenskämpfe ausgetragen, aber hinter ihnen standen selbstverständlich Machtkämpfe weltlicher Art. So ist der Herkules ein Sinnbild der wettinischen Macht, die, selbst wenn sie ruhend

scheint, sich doch unversehens zu wehren wissen wird. Auch dies sind Bilder, die in einer nahezu bildpropagandistischen Epoche von hohem Bedeutungsgehalt waren und die Machtfrage stellten, wenngleich humorvoll. Wie man aus Tizians »Zinsgroschen« weiß, einem zu Cranachs Lebzeiten gemalten Bild, galten Staat und Kirche, weltliche und sakrale Herrschaft als eng verflochten: »Gebt dem Kaiser, was des Kaisers ist!«, so lautete dort die Botschaft. Während aber Tizian vom katholischen Italien aus agierte, lebte Cranach im von Glaubensfragen geschüttelten Mitteldeutschland. Das macht seine Kunst in all ihren Ausprägungen besonders facettenreich und bis heute außerordentlich aufschlussreich. ●

▶ **PROF. DR. BERNHARD MAAZ**
ist Direktor der Gemäldegalerie Alte Meister und des Kupferstich-Kabinetts der Staatlichen Kunstsammlungen Dresden.

Die Erinnerungsstücke an Luther und Melanchthon

im Dresdner Residenzschloss

—

VON DIRK SYNDRAM

Reliquien als zu verehrende Zeugnisse von Heiligen sind dem protestantischen Bekenntnis fremd. »Die Lutheraner halten nicht viel von Reliquiis, von ihrem Heylanden haben sie nicht mehr als drey Stück, sein Wort, seine Tauffe, sein Nachtmahl. Es wird ihnen deswegen niemand nachsagen, als wenn sie mit den Andenken des seel. Lutheri einige Abgötterey trieben. Unterdessen lassen sie doch nichts umkommen und verderben, wodurch etwa das Gedächtnis dieses grossen Mannes kann erhalten werden. Das vornehmste darunter sind seine Gott-geheiligten Gebeine, die zu Wittenberg in der Schloßkirchen begraben sind.« Mit dieser Feststellung beginnt der Aufsatz eines anonym bleibenden Autors mit dem Titel »Von des Seeligen D. Martini Lutheri Reliquiis«, den das »Sächsische Curiositäten Cabinet, auf das Jahr 1737« abdruckte. Der kurze und dennoch materialreiche Beitrag war so ganz nach Wunsch der Herausgeber der in Dresden erscheinenden Monatsschrift, die es sich zum Ziel gesetzt hatte, in knapper Form über alles Wissenswerte aus Geschichte, Politik, Kirche, Kunst, Literatur, Geographie, Ökonomie und vielem anderem zu berichten.

Über den heute im Grünen Gewölbe der Staatlichen Kunstsammlungen Dresden ausgestellten Siegelring Martin Luthers führt der Autor aus: »Sein Pitschafftring trug Churfürst Johann Georg der Erste Lebens=lang am Finger, nach dem Er seinen Erben das Ritterguth Hoburg in Meissen davor verehret hatte. Nach diesem lag er auf der Kunstkammer in Dreßden, soll aber nicht mehr vorhanden sein ...«. Mit letzterer Feststellung zeigte sich der Autor als nicht besonders gut informiert. Der Siegelring befand sich damals bereits im Juwelenzimmer des Grünen Gewölbes.

In den Besitz Luthers gelangte der schlichte goldene Reif von ungewöhnlicher Größe, der einen geschnittenen ovalen Karneol im flach angedrückten Rand trägt, im Jahre 1530. In einem Brief von Dr. Justus Jonas an Luther ist das Entstehen des Ringes überliefert. Jonas schrieb vom Reichstag in Augsburg an Herzog Johann Friedrich: »lässt euer Rosen in einen hübschen Stein schneiden und in Gold fassen. Wird ein hübscher Pitschir das wird Seine Fürstliche Gnaden euch selbst überantworten.« Der Reichstag war religionsgeschichtlich von besonderer Bedeutung, denn er war geprägt von der vergeblichen Bemühung um die Wiederherstellung der kirchlichen Einheit und hatte als Resultat die von Melanchthon in Torgau verfasste »Confessio Augustana«, die »Augsburger Konfession«, die Luther selbst als viel zu diplomatisch und unentschieden empfand. In einem Brief an Melanchthon vom September 1530 – der Reichstag war noch im Gange – erwähnt Luther, dass ihm Johann Friedrich, der spätere Kurfürst Johann Friedrich der Großmütige, einen viel zu großen goldenen Ring geschenkt habe: »aber dass Ich mercken sollte ich wäre nicht gebohren Gold zu tragen ist er mir alsbald vom Daumen auf die Erde gefallen denn er ist etwas zu weit und groß an meinem Finger.« Die für den Reformator untragbare Weite der Schiene erklärt sich nicht aus falschen Angaben des sächsischen Herzogs an den ausführenden Augsburger Goldschmied, sondern aus dessen Annahme, der Ring sei für den Fürsten selbst, denn der Adel trug damals den Fingerschmuck über den Handschuhen. Der gesamte Nachlass Luthers vererbte sich nach dessen Ableben am 18. Februar 1546 zunächst an dessen Frau Katharina von Bora. Nachdem sie am 20. Dezember 1552 in Torgau gestorben war, kam es am 29. Juni 1553 in Wittenberg zwischen den vier Kindern der Luthers zum Erbteilungsvertrag. Der Urenkel des Reformators Johann Martin Luther, der als Stiftsrat zu Wurzen wirkte, machte den Ring schließlich 1652 dem Kurfürst Johann Georg I. (*1585, reg. 1611–1656) zum

◄
Siegelring
Martin Luthers
mit dessen
Wappen, der
sogenannten
Lutherrose

◄ S. 66
Hauswehr
Martin Luthers

Deckelbecher
aus dem Besitz
Martin Luthers

gelring so hoch ein, dass er ihn bis zu seinem Tode am 8. Oktober 1656 ständig an seinem Finger trug. Danach wurde der nun zweifach symbolhaft aufgeladene Ring mit dem von Luther selbst entworfenen Wappen – ein Kreuz inmitten eines Herzens, umschlossen von einer Rose und einem Ring und dem spiegelverkehrt eingeschnittenen Monogramm M und L – in der Kunstkammer verwahrt. Seit 1733 ist Luthers Siegelring im Inventar des Juwelenzimmers des Grünen Gewölbes verzeichnet. Zu Luthers Wappen schreibt der anonyme Autor: »Lutheri symbolum kann man schlüsslich auch vor eine Reliquie nehmen, da selbe war eine aufgeblühte Rose in deren Mitten ein Hertz und in denselben ein güldenes Creutz mit den Werken: In patientia suavitas, welches Luthers selber verteutscht: Des Christen Hertz auf Rosen geht, Wenns mitten unterm Creutze steht.«

In demselben Inventar wird auch erstmals »ein starcker güldener glatter Ring, in welchem ein Stein, als ein Auge formiret. In der Mitte ist der Aug Apffel schwartz und braun, sodann gelblich und hat rothe Streiffe, Am Ende ist er weiß und ein schwartz Band daran gebunden; Dr. Philippus Melachton soll diesen Ring getragen haben« erwähnt. Die Herkunft des Rings und damit die Wahrscheinlichkeit der Zuschreibung aus dem Besitz Philipp Melanchthons lässt sich nicht weiter zurückverfolgen. Im Juwelenzimmer wurde der Ring zusammen mit einem ovalen Schächtelchen aus Silber präsentiert, dessen Deckel aus einer zerbrochenen Jaspis-Platte bestand. Auch dieses Ringdöschen hat sich im Grünen Gewölbe erhalten.

Am 29. Mai 1678 gelangte ein silbervergoldeter Deckelbecher in die Kunstkammer, der in deren letztem Inventar von 1741 beschrieben wird als »Dr. Luthers mundbecher, von silber und vergoldet, auf dergleichen fuße, mit dem deckel, auf welchen inwendig dessen bildniß in einer medaille mit einer umschrift, auswendig aber Christus am kreuze. Am fuß und mundstück etwas mit laubwerk gestochen und um und um mit 13 abländlichten concavis ausgetrieben«. Eine akribische Untersuchung des Bechers durch Ernst-Ludwig Richter lässt keinen Zweifel daran, dass es sich um ein authentisches Stück aus dem Besitz Martin Luthers handelt. Zwei

Geschenk, der sich mit dem oben erwähnten Rittergut revanchierte. Für den alten Kurfürsten, der gerade das Ende des Dreißigjährigen Krieges gefeiert hatte, wurde dieser Ring zum Symbol seines Glaubens. Noch im gleichen Jahr 1652, als Luthers Siegelring in seinen Besitz gelangte, trug der sächsische Kurfürst ihn demonstrativ bei seinem Zusammentreffen mit dem Kaiser in Prag – was von den anwesenden Vertretern der Reichsstände als öffentliches Zeugnis für die lutherische Konfession anerkannt wurde. Johann Georg I. schätzte den Sie-

Medaillen, eine mit dem Bildnis Martin Luthers in seinem 55. Lebensjahr im Inneren des Deckels und eine mit 1539 datierte Medaille, dem Siegelbild des Justus Jonas angelehnt, im Deckelknopf, lassen diesen niedrigen Deckelbecher aus vergoldetem Silber als Geschenk des Wittenberger Propstes, Theologieprofessors und langjährigen Freundes des Reformators identifizieren. Bereits 1525 nahm Justus Jonas 26 Gulden für Doktorpromotionen entgegen, von denen er 21 Gulden für den Ankauf eines Silberbechers für Martin Luther verwenden wollte. Der Mundbecher des Grünen Gewölbes dürfte allerdings um 1540 in Luthers Besitz gelangt sein. Dieser sammelte derartige Silbergefäße, die ihm nicht nur als repräsentatives Tafelgerät in seinem Humanistenhaushalt dienten, sondern auch als wichtiger Notgroschen. Der Becher wurde Kurfürst Johann Georg II. bei einem Besuch in Wittenberg durch den Theologen Abraham Calovius als Geschenk übergeben.

Den Mundbecher Martin Luthers sowie einen heute nicht mehr vorhandenen Silberlöffel, der ebenfalls aus dessen Silberschatz stammen sollte, verwahrte man in der Kunstkammer in einem spe-

Erinnerungsstücke aus dem Nachlass Luthers und Melanchthons befinden sich im Grünen Gewölbe im Dresdner Schloss.

ziellen Schrank, der bald schon den Namen »Dr. Luthers schranck« erhielt. Damit war allerdings mehr der Inhalt als die Herkunft des Möbels gemeint, denn dieses, ein zu Beginn des 17. Jahrhunderts wohl in Prag geschaffener Kabinettschrank aus Ebenholz, gelangte Jahrzehnte zuvor aus dem Nachlass der Kurfürstin Sophie in die Kunstkammer. Beschrieben wird der Schrank im Kunstkammerinventar 1741 als »Ein schranck von schwarz gepeizten hin und wieder mit böhmischen steinen, auch durchbrochenen und vergüldten meßing, so mit lasur farben ein-

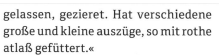

gelassen, gezieret. Hat verschiedene große und kleine auszüge, so mit rothe atlaß gefüttert.«

Auf dem Schrank lag traditionell die 86 Zentimeter lange »Hauswehr Martin Luthers«, bei der es sich mit sehr großer Wahrscheinlichkeit um eine Luther zur Verteidigung seines Hausfriedens dienende Blankwaffe handelt. Ein in das späte 16. Jahrhundert datierbarer Pergamentschild an der Scheide benennt die Waffe als »D. Mart[in] Luthers sel: Haußw[e]hr«. Zur Provenienz der »alten Blötze« aus dem persönlichen Besitz des Reformators vermerkt ein Inventareintrag in der Rüstkammer, sie stamme aus dem Nachlass ebenjener Kurfürstin Sophie. Leider lässt sich dies nicht mehr verifizieren, weil deren Nachlassinventar von 1623 im Zweiten Weltkrieg vernichtet wurde. Auch diese Blankwaffe wird vom anonymen Autor »Von des Seeligen D. Martini Lutheri Reliquiis« erwähnt: »Auf der Kunst= Kamer zu Dreßden wird auch Doctor Luthers Hauß=Gewehr gewiesen, welchen ein großer Korb=Degen ist.«

Ein viertes Erinnerungsstück an Martin Luther wird in der Aufzählung von 1737 noch nicht in Dresden verortet: »Zu Zittau in der Oberlausitz hat die Nesenische=Familie auch eines von seinen Gläsern, welches in der erbschafft allemahl vor 60 Rthl. angeschlagen wird.« Es handelt sich dabei um den »Nesenschen Lutherpokal«, den die Erbin der letzten Nesen 1793 ihrem Kurfürsten Friedrich August III. von Sachsen als Geschenk für dessen Schatzkammer im Grünen Gewölbe übergab. Der Pokal ist ein an ein Reliquiar erinnerndes, familiengeschichtlich geprägtes

Nesenscher
Lutherpokal

Erinnerungsstück. Die Kuppa des Pokals bildet ein starkwandiger, konischer Kristallbecher mit abgeschrägtem Boden, an dem ein breiter, runder Kristallstumpf für eine Silberfassung belassen wurde. Diesen wohl aus dem 13. Jahrhundert stammenden Kristallbecher, der Martin Luther vermutlich als Teil eines aufgelösten Reliquienbehälters übereignet worden war, soll der darin durchaus freigebige Reformator seinem Wittenberger Freund Wilhelm Nesen geschenkt haben. Nachdem dieser im Jahre 1524 verstorben war, gelangte das Bergkristallgefäß an dessen Bruder, Wilhelm Nesen, der seit 1541 als Bürgermeister in Zittau wirkte. Die heutige prachtvolle Silberfassung mit ihrem reich ornamentierten Fuß, dem vasenförmigen Schaft, dem breiten, mit gravierten Ranken und Medaillonbildnissen verzierten Lippenrand und wappenreichen Deckel erhielt das schlichte Gefäß um 1560 durch den Nürnberger Goldschmied Christoph Ritter.

Martin Luther selbst hätte diese Umformung seines Geschenkes zu einer Reliquie des Schenkenden sicherlich nicht gefallen. Er hätte aber wohl dem anonymen Autor des Jahres 1737 zugestimmt, der seine Aufzählung der Erinnerungsstücke an den Reformator mit folgender Feststellung schloss: »Die beste Reliquiare Doctor Luthers ist die teutsche Übersetzung der heiligen Schrift, welche niemand gegen alle Schätze zu Rom, Compostell und Loretto zu vertauschen begehret.« ●

▶ **PROF. DR. DIRK SYNDRAM**
ist Direktor des Grünen Gewölbes und der Rüstkammer der Staatlichen Kunstsammlungen Dresden.

▶ **WEITERFÜHRENDE LITERATUR**
Dirk Syndram/Jutta Charlotte von Bloh/Christoph Münchow (Hg.), Erhalt uns Herr pei deinem Wort: Glaubensbekenntnisse auf kurfürstlichen Prunkwaffen und Kunstgegenständen der Reformationszeit, Dresden 2011

▶ Die abgebildeten Stücke aus dem Nachlass Luthers können in den Staatlichen Kunstsammlungen Dresden im Residenzschloss besichtigt werden. Informationen: www.skd.museum

Das Dresdner Residenzschloss

KIRCHEN DER STADT

Dresden ist eine Stadt barocker Kirchenbauten. Die Kirchen, die Luther bei seinen Aufenthalten in Dresden kennenlernte, existieren nicht mehr. Die Kirchenlandschaft hat sich verändert durch Abbruch, Neubau im Barock, Zerstörung im Krieg und Wiederaufbau.

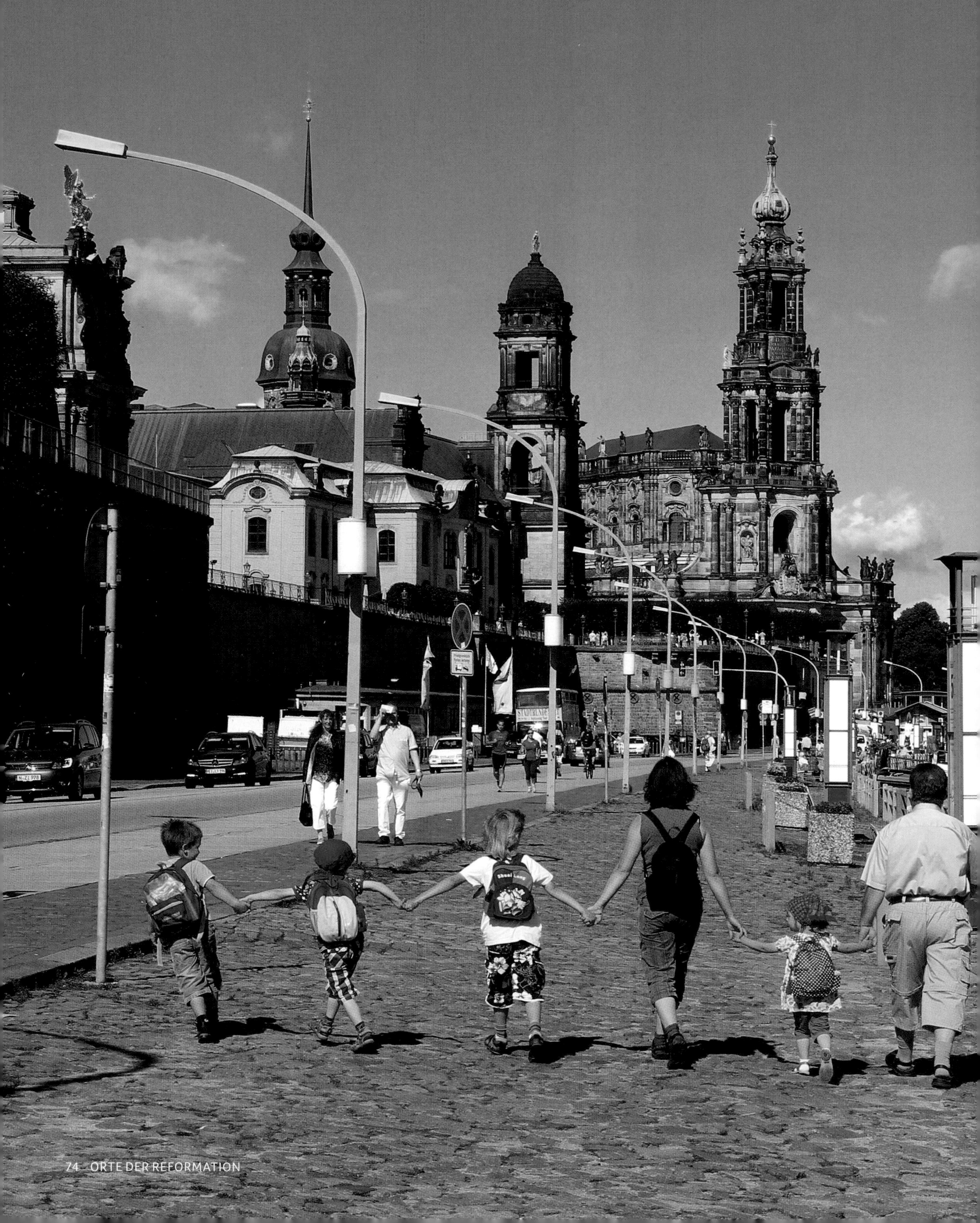

Kuppeln und Türme über der Stadt

Kirchen in Dresdenw

—

VON FRANK SCHMIDT

Dresden und seine 1549 eingemeindete rechtselbische Schwesterstadt Altendresden waren mit einer Marktkirche sowie je einer Pfarrkirche und Bettelordensklosterkirche keine herausragenden Städte des Mittelalters. Die sich im Laufe von ungefähr 200 Jahren bis 1485 herausbildende Residenzfunktion für das wettinische Herzogshaus wirkte sich jedoch für den Kirchenbau aus, so dass mit dem spätgotischen Bau der Kreuzkirche (1492–1499) eine der bedeutendsten obersächsischen Hallenkirchen entstand. Die beiden Kirchen, welche Martin Luther 1516 und 1518 in Dresden besuchte, sind noch im Jahrhundert der Reformation verschwunden. Das Kloster der Augustinereremiten in Altendresden mit der Klosterkirche St. Erasmus wurde 1546 gänzlich abgebrochen, ohne dass es bildliche Zeugnisse oder auch nur einen Grundriss gäbe. Dem Neubau des kurfürstlichen Residenzschlosses ist 1547/48 die ab 1472 erbaute alte Schlosskapelle St. Georg gewichen, in der Luther 1518 gepredigt hatte. Von deren Innenraum gibt es noch eine Zeichnung nach dem seit 1945 verschollenen hölzernen Schlossmodell der Zeit um 1530. Der mit einem Rippengewölbe überdeckte rechteckige Raum war an zwei Seiten von doppelgeschossigen Emporen umgeben.

◀ S. 74
Am Elbufer gelegen: die Kathedrale, ehemalige katholische Hofkirche

Konzert des
Kreuzchors in der
Kreuzkirche

Vor dem Ostfenster zum Schlosshof stand der Altar. An der freien Südwand befand sich über eine Treppe erreichbar die Schwalbennestempore für die 1476 fertiggestellte Orgel. Deren Prospekt konnte mit bemalten Flügeln zugeklappt werden. Über eine Kanzel ist nichts bekannt.

Im Laufe des 18. Jahrhunderts sind die Dreikönigskirche, die Frauenkirche, die Annenkirche, die Johanniskirche und die Kreuzkirche durch Neubauten ersetzt worden, dazu kamen als neu gegründete Kirchen die katholische Hofkirche, die reformierte Kirche, die Waisenhauskirche, die Friedrichstädter Kirche (Matthäuskirche) und die Lazarettkirche. Auch die Sophienkirche mit Kirchturm und Innenausstattung sowie die Jakobskapelle wurden barock überformt, so dass nur noch die Bartholomäuskapelle (1519–1520) ein mittelalterliches Gepräge hatte. Diese reiche barocke Kirchenlandschaft, zu der noch weitere evangelisch-lutherische wie katholische Kirchen innerhalb von Anstaltsgebäuden gehörten, ist bereits im Zuge der Großstadtwerdung in der zweiten Hälfte des 19. Jahrhunderts durch Abbrüche reduziert worden, und die reformierte Gemeinde ersetzte ihre Kirche durch einen Neubau in neuromanischen Stilformen. Darüber hinaus sind bis 1914 die barocken Innenräume der Matthäus-, Annen-

und Kreuzkirche ersetzt und derjenige der Dreikönigskirche verändert worden. Damit war auch schon vor 1945 vom Barock nicht mehr viel übrig geblieben.

Die Kreuzkirche – Predigtkirche des sächsischen Landesbischofs

Bereits im Mittelalter war die Kreuzkirche Hauptkirche der Bürgerschaft Dresdens. Aber erst 1539, im Jahr der Einführung der Reformation, ist sie zur Pfarrkirche erhoben worden, und seitdem ist der Stadtpfarrer zugleich Superintendent. Ursprünglich Marktkirche der deutschen Kaufmannssiedlung, stand sie in Abhängigkeit von der älteren Frauenkirche. Durch das preußische Bombardement fiel der gotische Kirchenbau 1760 bis auf die Westturmanlage, die 1579 prachtvoll ausgebaut worden war, in sich zusammen. Beim Wiederaufbau ab 1764 sollte die Westturmanlage einbezogen werden, stürzte aber 1765 ein. Erst 1792 konnte die Weihe des von dem 1769 verstorbenen Ratszimmermeisters Johann George Schmidt begonnenen und von Christian Heinrich Eigenwillig fortgeführten Neubaues erfolgen.

Kraftvoll umziehen geschossübergreifende Pilaster und an den hervortretenden Portalachsen

Dreiviertelsäulen die Sandsteinfassaden. Der Turm wächst mit seinen Säulenordnungen im Oval aus der Fassade heraus und verdeutlicht, wie der späte Barock in einen nüchternen frühen Klassizismus übergeht. Das fünfstimmige Bronzegeläut aus dem Jahre 1900 hat beide Weltkriege im Turm hängend unbeschadet überstanden.

Nachdem die erst 1894/95 im Inneren grundlegend renovierte Kreuzkirche 1897 wahrscheinlich aufgrund eines Defektes an der Heizungsanlage total ausgebrannt war, erfolgte der Wiederaufbau durch die Architekten Schilling & Gräbner bis 1900 in moderner Eisenbetonbauweise. Dabei wurde das spätbarocke Raumkonzept nur wenig modifiziert wiederholt.

Die Bombardierung der Stadt am 13. und 14. Februar 1945 hat die Kreuzkirche erstaunlich glimpflich überstanden. Das kupfergedeckte Dach, der üppige Stuck des Innenraumes, die Chorschranken mit den beiden großen siebenarmigen Leuchtern aus Messingguss, das Lesepult aus Marmor und Bronze und das gewaltige sandsteinerne Altarretabel mit seinem Skulpturenschmuck und dem Kreuzigungsgemälde blieben bewahrt. Hingegen verbrannten Gestühl, Türen, Emporenbrüstungen, Kanzel und Orgel, wodurch der Raum völlig verrußt war und Steinabplatzungen in den Bereichen größter Hitze auftraten.

Bei der Wiederherstellung des Innenraumes (1953–1955) entschloss man sich, die »im gottesdienstlichen Sinne unwürdige« Stuckdekoration und übrige Ausstattung zu entfernen. Bei der Beseitigung des Altarretabels wurden die fünf großen Figuren »zerschlagen«, um der »Verteuerung der Abbruchkosten« entgegenzuwirken. Einzig das Kreuzigungsgemälde wurde danach isoliert auf der Wand über dem Altar aufgehängt.

Die reine Form der ins Oval einbeschriebenen und von geschwungenen Emporen hinterfangenen Bogenarchitektur gibt sich als dynamische Inszenierung von Raum zu erkennen. Dies ist Barock, nicht Ornament. Der jetzt so spröde Raum wird allerdings von vielen Menschen geschätzt, die gerade mit dem alles überziehenden einheitlichen Rauputz in dem monumentalen Innenraum bergende Ruhe und Sammlung verbinden.

Die Frauenkirche auf dem Neumarkt

Für die sorbische Siedlung Dresden entstand die Pfarrkirche Unserer Lieben Frauen, von einem Kirchhof umgeben, zu dem ein Beinhaus mit Annenkapelle gehörte. 25 Dörfer und ursprünglich auch Altendresden waren in die Frauenkirche eingepfarrt, die bis ins 16. Jahrhundert außerhalb der ummauerten Stadt lag. Im Zuge des Festungsausbaues wurde 1548/49 die alte Stadtmauer beseitigt und der Neumarkt angelegt.

Die mittelalterliche Frauenkirche war von 1539 bis 1559 lediglich Gottesackerkirche. Während nunmehr die Kreuzkirche auch offiziell Stadtpfarrkirche geworden war, diente die Frauenkirche vor allem dem Gottesdienst für die eingepfarrten Land-

bewohner. Der berühmte Neubau von George Bähr beherbergte von 1878 bis 1945 eine eigene Kirchgemeinde. Die Körperhaftigkeit barocker Architektur wirkt außen in der einzigartigen Kuppelform mit konkaven Anläufen. Bedingt durch die ganz in Stein ausgeführte Kuppel entsteht eine monumental wirkende Architekturskulptur, obwohl die quadratische Grundfläche der Kirche nur bescheidene Ausmaße hat.

Innen umkreisen vier Emporenringe den zentralen Binnenraum, dessen Arkadenring die Kuppel trägt (▶ vgl. die Innenansicht S. 88). Der Zweck der Emporen wird zum raumkünstlerischen Ansporn. Die raumbildende Führung des Betstubenringes um die Pfeiler unterstreicht mit einem Gegenschwung die Öffnung hinein zur großartigen Schöpfung der Bühne des Altarraumes. Zwei geschwungene seitliche Treppen führen um Beichtstühle und Lesepult herum zu diesem hochgelegenen Bereich, auf dem aus der Tiefe des Raumes mit rauschender Mächtigkeit die Altarkulisse entgegentritt. Die Säulen dieses Aufbaues schaffen den Tiefenraum einer Nische, in der sich das Geschehen auf dem Ölberg mit der Figur Christi und dem herabschwebenden Engel entfalten kann. Dies verbindet sich mit dem liturgischen Geschehen am Altar, also vor allem der Ausspendung des heiligen Abendmahles. Für die gottesdienstliche Feier besaß die Frauenkirche im Jahre ihrer Weihe 1734 sieben Messgewänder in verschiedenen liturgischen Farben.

Die Dreikönigskirche in der Neustadt

Das mittelalterliche Bauwerk inmitten eines Kirchhofes brannte beim großen Stadtbrand von Altendresden 1685 aus. Bis Ostern 1688 erfolgte der Wiederaufbau als gewölbte barocke Pfeilerhalle mit doppelten Emporen und einem mächtigen Altaraufbau als Raumabschluss. August der Starke ließ 1732 Altendresden in Neue Königsstadt umbenennen. Um das schon länger geplante symmetrische Straßennetz zu verwirklichen, musste die Kirche weichen. Sie wurde 1732–1739 weiter nördlich mit dem Haupteingang im Osten an der neuen Hauptstraße nach Plänen von Matthäus Daniel Pöppelmann neu errichtet. Der Altarstandort im Westen bereitete

damals den Theologen erhebliches Kopfzerbrechen. Den längsovalen Innenraum hatte abweichend von Pöppelmanns Planung George Bähr geschaffen.

Der rechteckige und pilastergegliederte Bau besitzt im Osten und Westen skulpturengeschmückte Dreiecksgiebel und an dem erst 1853–1857 ausgeführten Turm Figuren der Heiligen Drei Könige. Die Ruine der 1945 bis auf den Turm völlig ausgebrannten Kirche war im Zuge neuer Stadtplanungen vom Abbruch bedroht und konnte schließlich 1984–1991 im Zuge des von der EKD finanzierten Sonderbauprogrammes für die DDR als »Haus der Kirche« wiederaufgebaut werden. Dieses ist ein Ort der Kultur, Bildungsarbeit und Diakonie. Im Festsaal tagt die sächsische Landessynode unter dem monumentalen Wandbild »Versöhnung« von Werner Juza. Von 1990 bis 1993 war hier auch der Sitzungsort des Sächsischen Landtages.

Im Kirchsaal ist der sandsteinerne Altaraufbau in seinem kriegsversehrten Zustand konserviert worden. Der am Zwinger mitwirkende Hofbildhauer Benjamin Thomae schuf 1738 durch vorgezogene Säulen eine Guckkastenbühne, auf der mit Freifiguren und Kulissen die biblische Szene des Gleichnisses von den klugen und törichten Jungfrauen aufgeführt wird. Seitlich befinden sich Figuren der

Altar der Dreikönigskirche von Benjamin Thomae

◀ S. 78 Dreikönigskirche

Kathedrale
Ss. Trinitatis – der
Allerheiligsten
Dreifaltigkeit
geweiht (ehemalige
katholische Hof-
kirche)

Evangelisten Matthäus und Johannes; die 1945 ver-
brannte Gloriole stellte das weihnachtliche Engels-
lob dar. Bei dieser barocken Altardarbietung handelt
es sich um zum Bild gewordene lutherische Predigt.

Die katholische Hofkirche –
Kathedrale Sanctissimae Trinitatis

Durchaus in Reaktion auf den Neubau der Frauenkirche ließen Kurfürst Friedrich August II. und seine bayerische Gemahlin, Kurfürstin Maria Josepha,
ihre von den Jesuiten betreute Hofkirche 1739–1755
nach den Plänen von Gaetano Chiaveri errichten.
Schräg vor das Residenzschloss oberhalb des Elb-
ufers gelagert, erhielt damit die katholische Kirche
eine im Stadtbild wirksame Präsenz, wenn auch die
Glocken erst seit 1807 geläutet werden durften. Es

handelt sich um die bedeutendste sakrale Architektur des römischen Barock außerhalb von Italien.
Dies gilt vor allem für das bewegte Äußere mit den
78 überlebensgroßen Heiligenfiguren am Turm und
auf den Balustraden von Lorenzo Mattielli (▸ vgl.
z. B. S. 8, 10, 74, 87). Der im Verhältnis zum Hauptschiff sehr breite Grundriss ist eine Folge der besonderen konfessionellen Bedingungen in Kursachsen.
Da Prozessionen unter freiem Himmel nicht erlaubt
waren, schiebt sich zwischen das Hauptschiff und
die Seitenschiffe ein Prozessionsumgang mit vier
angeschlossenen Eckkapellen, die bei der Fronleich-
namsprozession für Stationsaltäre genutzt werden
konnten. Das Hauptschiff ist als Hofkirche mit Emporen konzipiert und folgt dem Vorbild von Ver-
sailles. Die Fronten der vier königlichen Oratorien
seitlich des Hochaltares wurden beim Wiederauf-

bau nach 1945 weglassen. Bedingt durch Auslagerungen und Einmauerungen konnte ansonsten der Innenraum fast originalgetreu zurückgewonnen werden. Das 10 Meter hohe Gemälde der Himmelfahrt Christi über dem Hochaltar malte Anton Raphael Mengs in Rom und Madrid. 1765 kam es über den Seeweg und die Elbe nach Dresden. Berühmt ist die Orgel von Gottfried Silbermann, die nach dessen Tod sein Schüler Zacharias Hildebrand 1755 vollendete. In den Grüften ruhen 47 Mitglieder des Hauses Wettin von Kurfürst Friedrich August II. an bis zu Kronprinz Georg (†1943). Als 1980 der Sitz des 1921 gegründeten Bistums Meißen von Bautzen nach Dresden verlegt wurde, erfolgte die Rangerhöhung zur Kathedrale des nunmehrigen Bistums Dresden-Meißen. Die Kathedrale ist Wirkungsort des zweiten Dresdner Knabenchores, der 1708 gegründeten Kapellknaben.

Die Sophienkirche – vormalige evangelische Hofkirche

An die ursprüngliche Bettelordenskirche St. Peter und Paul der Franziskaner erinnert die noch nicht ganz vollendete »Busmannkapelle – Gedenkstätte für die Sophienkirche« (▶ S. 17 f.). Hier befand sich von 1603 bis zur Überführung in den Freiberger Dom 1950 eine Gruft für nachrangige Angehörige des Hauses Wettin. Von 1737 bis 1918 fanden hier alle mit gottesdienstlichen Handlungen verbundenen Staatsakte statt, die nicht wie Taufe, Trauung und Trauerfeier mit der Person des Herrschers verbunden waren, so zum Beispiel Landtagseröffnungen. Bis 1923 sang hier der 1548 zusammen mit der Hofkapelle gegründete evangelische Kapellknabenchor. Von 1864 bis 1868 wurden eine neugotische Doppelturmfassade und seitenschiffartig wirkende Nebenräume mit offenem Strebewerk angebaut, so dass der Eindruck einer gotischen Kathedrale hervorgerufen wurde, die fortan das Stadtbild Dresdens mitbestimmte. 1924

ging das Gebäude in landeskirchliches Eigentum über und war seit 1926 Domkirche für den sächsischen Landesbischof, der 1922 den letzten Oberhofprediger abgelöst hatte. Neben dem 1945/46 in großen Teilen geplünderten Silberschatz wurden in der Sakristei die in der Zeit der Kurfürstin Anna (1532–1585) gestifteten perlenbesetzten Messgewänder aus Goldbrokat aufbewahrt, während die barocken Weihrauchgeräte aus Silber in den napoleonischen Kriegen in der Münze eingeschmolzen wurden.

Die Annenkirche in der Wilsdruffer Vorstadt

Für die wachsende Bevölkerung wurde auf Veranlassung des Kurfürsten August die erste neue Kirchgemeinde nach der Reformation gegründet und die neu erbaute Kirche am Festtag der heiligen Anna, dem 26. Juli 1578, in Anwesenheit des Kurfürsten und seiner Gattin Anna geweiht. Auch die lateinische Grundsteininschrift beginnt mit der Nennung der legendären Mutter der Maria, um dann auf die triumphierende Lehre Luthers hinzuweisen.

Die Annenkirche wurde durch plündernde preußische Soldaten 1760 niedergebrannt und 1764–1769 durch einen Neubau nach Plänen von Ratszimmermeister Johann George Schmidt ersetzt. Der von Pilastern gegliederte Rechteckbau mit Mansarddach besitzt zu den Seitenportalen der Längswände in Schwingung versetzte Fassaden mit zarten Rokoko-Reliefs über den Türen, die Allegorien des Glaubens und der Lehre enthalten. Die klassizistischen Turmobergeschosse wurden erst 1822/23 ausgeführt.

In den Jahren 1906–1909 wurde die Kirche bis auf den Turm und die beiden seitlichen Außenwände durch einen Neubau in moderner Eisenbetonbauweise ersetzt, wobei die Form des Mansarddaches wiederholt wurde. In freier Anlehnung an Kirchräume des sächsischen Rokoko formt eine Arkadenfolge

Blick aus einer Ruine auf die zerstörte Sophienkirche, 1946

Die Annenkirche war 1945 in der Innenstadt das einzige Gebäude, das unzerstört blieb, nur der Turm wurde beschädigt.

▲
Annenkirche

den längsovalen Einheitsraum, der von einem Emporenring umzogen wird und seitlich des Altares sowie der Orgel zwei Logengeschosse aufnimmt. Schon dreißig Jahre später ist die »überreiche, aber wenig sakrale Jugendstylornamentik« reduziert worden. Am 13. und 14. Februar 1945 war die Annenkirche das einzige unzerstörte Gebäude der Innenstadt geblieben, in ihr erklingt noch immer

die Jahn-Orgel von 1909. Die Brandflecken auf den Holzbänken von 1909 zeugen noch vom Funkenflug durch die geborstenen Fenster, die bis November 1945 neu verglast werden konnten. Angesichts der Zeitumstände ist es erstaunlich, dass man bei der Innenrenovierung 1950 die Jugendstil-Kapitelle der Pfeiler mit aufwendiger Einzelabstützung gegen ionische Kapitelle aus Sandstein austauschte.

Die Matthäuskirche – Gemeindekirche von Friedrichstadt

Die Kirchgemeinde für die 1835 nach Dresden eingemeindete Friedrichstadt wurde 1724 gegründet und erhielt 1728–1732 eine Kirche nach Plänen des Zwingerbaumeisters Matthäus Daniel Pöppelmann, der selbst in der Kirche seine letzte Ruhestätte erhielt. Der schlichte kleine Rechteckbau besticht durch seine weiß-gelbe Außenfarbigkeit und den elegant geschwungenen barocken Zwiebelturm.

Der Innenraum ist 1882 – den Altaraufbau ausgenommen – ganz in Formen der Neurenaissance umgestaltet worden, was man 1928 im Sinne des Barock zu korrigieren versuchte. In der Ruine der 1945 völlig ausgebrannten Kirche ragte viele Jahre in voller Höhe der sandsteinerne Altaraufbau aus dem zuwuchernden Schutt empor, konnte aber bis zum Wiederaufbau 1974–1978 nicht gerettet werden. Die neue Innenausstattung schuf Werner Juza. Bereits vor 1962 konnte die Pöppelmann-Gruft renoviert und zugänglich gemacht werden.

Die reformierte Kirche im Kanonenhof

Vier Jahre nach der Aufhebung des Ediktes von Nantes 1685 konnten 1689 französische Hugenotten eine Kirchgemeinde in Dresden gründen – misstrauisch beobachtet vom evangelisch-lutherischen Oberkonsistorium. Eine erste turmlose Kirche wurde 1767 erbaut, aber aufgrund des beabsichtigten Baues eines neuen Dresdner Rathauses aufgegeben. Dafür entstand 1894 ein wiederum turmloser neuromanischer Klinkerbau, in dessen Ruine 1948 eine kleine Behelfskirche eingebaut werden konnte. Da der schließlich 1963 umgesetzte Plan zum Abbruch bekannt war, ist das äußerlich unveränderte barocke Hofgärtnerhaus an der Brühlschen Terrasse im Inneren des Orangerie-Flügels 1956 zur neuen reformierten Kirche ausgebaut worden. Um das gleichfalls hier seit 1957 betriebene Altenheim ausbauen zu können, wurde auf den Kirchsaal verzichtet und 1999 der Kanonenhof unterhalb, in einer Bastion der Dresdner Festungsanlagen (1546–1591), zum Raum für Gottesdienste und andere Veranstaltungen umgebaut. Die völlig selbständige Gemeinde bildet mit zwei anderen Gemeinden den Bund evangelisch-reformierter Kirchen Deutschlands. ●

▶ **DR. FRANK SCHMIDT**
ist Leiter des Kunstdienstes der
Ev.-Luth. Landeskirche Sachsens.

Zum 200. Todestag des Zwingerbaumeisters Matthäus Daniel Pöppelmann wurde 1936 in der Schlossstraße diese Sandsteinfigur angebracht (Replik). Das Original wurde 1945 zerstört

Inschrift an der Matthäuskirche

Der Dresdner Kreuzchor

Eine sich stets erneuernde Tradition

—

VON PETER KOPP

Der Dresdner Kreuzchor ist ein Begriff. Auch Menschen, die zu klassischer Musik nur wenig Verbindung haben, kennen ihn. Ein »Markenensemble« im kirchlichen Umfeld? Sogar mit einem Namen, der auf das Kreuz Christi verweist? Über diese Dinge machen sich die über tausend Besucher einer sonnabendlichen Kreuzchorvesper wohl keine Gedanken mehr. Sie haben eine klare Erwartung und sie wissen auch, dass diese erfüllt wird: eine Stunde der Ruhe, Besinnung oder gar der Erbauung, ein Moment konzentrierten Musikgenusses

ohne die begleitenden Geschäftigkeiten, die der moderne Musikbetrieb sonst mit sich bringt. Die Kruzianer singen zur Ehre Gottes – und natürlich auch ein bisschen zu ihrer eigenen. Da gehen die Dresdner hin, mit großer Selbstverständlichkeit.

Seit 1216 – so legt es die bevorstehende 800-Jahr-Feier fest – gestaltet ein Knabenchor die Figuralmusik in der Kreuzkirche am Altmarkt. Aus dem Schülerkreis der städtischen Lateinschule rekrutierte sich die zunächst nur kleine Sängerschar, deren Wirken sich bis zur Reformation kaum von dem ande-

rer Stadt- und Domchöre unterschieden haben dürfte: Mehrmals täglich mussten Gottesdienste und Andachten mit gregorianischen Hymnen, Psalmen und Antiphonen musikalisch ausgestaltet werden.

Die Einführung der Reformation in Dresden im Sommer 1539 muss für Schule und Chor eine große Umstellung bedeutet haben. Nicht nur die Bildungsinhalte veränderten sich drastisch, sondern auch das musikalische Repertoire. Die neu entstandenen deutschsprachigen Lieder und ihre mehrstimmigen Bearbeitungen sollten dem lutherischen Gottesdienst eine neue musikalische Prägung geben. So auch an der Kreuzkirche, wo man offenbar jedoch besonders hartnäckig an den überlieferten Gesängen festhielt. Generationen von Kreuzkantoren wurden sogar angehalten, nicht selbst zu komponieren, »sondern derer alten und dieser Kunst wohlerfahrenen und fürtrefflichen Componisten Gesänge« zur Aufführung zu bringen. So findet sich erst mit Gottfried August Homilius (1714–1785) ein Komponist von Rang in diesem Amt – anders als beispielsweise Johann Sebastian Bach in Leipzig, der eine schon lange Reihe hervorragend komponierender Thomaskantoren fortsetzte.

Ende des 19. Jahrhunderts wurde im Rahmen der Neuorganisation des Schulwesens auch die Kreuzschule zu einem

Probe des Kreuzchors mit
Kreuzkantor Roderich Kreile

Der Kreuzchor am Elbufer mit
Kreuzkantor Roderich Kreile

städtischen Gymnasium, der Chor er-
füllte seine liturgischen Aufgaben jedoch weiterhin ungebrochen. Erst Anfang des 20. Jahrhunderts wurden seine
Dienste auf Vespern und Gottesdienste
beschränkt, hinzu kamen Konzertver-
pflichtungen, die ihn schnell überregio-
nal und später international bekannt
machten. Die Bezeichnung »Dresdner
Kreuzchor« hat sich erst im Zuge dieser
neuen Aufgaben herausgebildet, vorher
nannte man ihn »Chor der Kreuzschule«
oder einfach »die Kruzianer«.

Selbst in den Zeiten des Nationalsozialismus hat der Chor seine Aufgaben
ohne nennenswerte Einschränkungen
erfüllen können. In den Jahren der DDR
haben die Kreuzkantoren Rudolf Mauers-
berger (im Amt 1930–1971) und Martin
Flämig (1971–1991) den Chor zu einem
international erfolgreichen Spitzenen-
semble ausgebaut, ohne die Anbindung
an die Kreuzkirche abreißen zu lassen.
So entstand die ungewöhnliche Situation,
dass ein sozialistisches Gemeinwesen
einen Chor unterhielt, der größtenteils
in kirchlichen Veranstaltungen sang.

Seit 1991 ist der Dresdner Kreuzchor
eine Einrichtung der Landeshauptstadt
Dresden, die sich der großen Verantwortung für ihre älteste Kultureinrichtung
erfreulich bewusst ist. Unter Leitung
von Kreuzkantor Roderich Kreile (seit
1997) setzt der Chor seine Traditionslinie
erfolgreich fort. Für das Singen in der

Kreuzkirche orientiert sich der Chor am
liturgischen Kirchenjahr. Dies bedeutet,
dass regelmäßig eine große Menge ver-
schiedener Stücke zur Aufführung gelangt, die thematisch auf die jeweiligen
Sonntage passen. Die jährlich wiederkehrenden Oratorienaufführungen wie
das »Deutsche Requiem« von Brahms,
das »Weihnachtsoratorium« und die Pas-
sionen von Bach werden zwar als Konzerte veranstaltet, dabei aber als Be-
standteile des liturgischen Jahres in der
Kreuzkirche wahrgenommen.

Man könnte schnell vermuten, dass
die immer wiederkehrenden Stücke ihre
Wirkung über die Jahre verlieren und
sich eine gewisse Routine einschleichen
könnte. Dem wirkt schon allein die sich
ständig erneuernde Besetzung des Chores entgegen, außerdem fließen immer
neue Werke ins Repertoire ein. Dessen
Grundstock bilden Kompositionen aus
dem lutherischen Kulturkreis, also Werke von Heinrich Schütz, Johannes Ec-
card, Hans Leo Haßler, Johann Sebastian
Bach, Felix Mendelssohn Bartholdy oder
Johannes Brahms. Natürlich werden
auch die hervorragenden Motetten von
Anton Bruckner und anderen nicht-pro-
testantischen Komponisten aufgeführt.
Ein Verzicht darauf würde auch nicht
zum Selbstbild des Kreuzchores passen,
der als eine städtische Einrichtung »reli-
gionsneutral« zu sein verpflichtet ist.
Die Choristen stammen zwar größten-

teils aus christlichen Elternhäusern, je-
doch ist dies keine Bedingung für die
Mitgliedschaft. Die Gemeinschaft der
Kruzianer und der Mitarbeiter des Cho-
res fühlt sich der langen liturgischen
Tradition vorbehaltlos verpflichtet.

Der tägliche Proben- und Ausbil-
dungsbetrieb findet seit den 1950er Jahren in den Räumlichkeiten eines ehemaligen Freimaurerinstituts im beschauli-
chen Stadtteil Dresden-Striesen statt,
auf dem Gelände befinden sich auch das
von allen Kruzianern besuchte Evangelische Kreuzgymnasium und das Alumnat
des Chores mit 90 Plätzen. Die übrigen
etwa 50 Kruzianer wohnen zu Hause. At-
traktive Konzertprojekte und Tourneen
beleben und ergänzen den Repertoirebe-
trieb in idealer Weise. In den USA, Japan,
Südamerika und nahezu ganz Europa hat
man den Dresdner Kreuzchor schon erle-
ben können, zuletzt war in China die
Botschaft aus Dresden zu hören. ●

▶ **PETER KOPP**
ist seit 1995 Chordirigent beim Dresdner
Kreuzchor und dessen stellvertretender
künstlerischer Leiter.

▶ Kreuzchorvespern in der Kreuzkirche:
Sonnabend, 17 Uhr

Miteinander unterwegs

Ökumene in der Stadt

—

VON KLEMENS ULLMANN

Es war mit Sicherheit für die Bevölkerung Sachsens wie ein Erdbeben, als der junge Kurfürst Friedrich August I., genannt der Starke, 1697 die Konfession wechselte und katholisch wurde. Er, der Landesfürst, der auch Repräsentant der lutherischen Kirche in Sachsen war, übte gleichsam Verrat an seiner Kirche. Man kann schon verstehen, mit welchem Argwohn auch die Konversion des einzigen legitimen Sohnes dieses Kurfürst-Königs gesehen wurde, der noch dazu eine Erzherzogin aus dem katholischen Kaiserhaus ehelichte. Von einer befürchteten Gegenreformation freilich konnte man nicht sprechen, auch wenn dieses Fürstenpaar eine prachtvolle Hofkirche errichten ließ, die katholischen Geist ausstrahlt. Der Titel der Kirche – sie ist der Allerheiligsten Dreifaltigkeit geweiht – wirkte versöhnlich und war ein Zeichen des gemeinsamen Glaubenbekenntnisses. In den von Kurfürstin Maria Josepha gegründeten zahlreichen sozialen Einrichtungen spielte die Konfession schon damals nur eine untergeordnete Rolle. Hier fanden alle Aufnahme, die es nötig hatten. Und auch das Hofgesinde der Kurfürstin war ganz bewusst aus beiden Konfessionen ausgewählt.

Das alles aber liegt Jahrhunderte zurück und hat heute keine Bedeutung mehr. Als katholischer Pfarrer der Ka-thedrale – ebenjener ehemaligen Hofkirche – freue ich mich genauso über die Taufen, die zu Ostern in den evangelischen Kirchen gespendet werden, wie über jene, die bei uns stattfinden. Es geht um die Botschaft Jesu Christi, die wir als Christen, gleich welcher Konfession, in unserer weithin glaubenslosen Umwelt verkündigen. Der ökumenische Geist ist heute in unserer Stadt eine Selbstverständlichkeit, und die Grabenkämpfe vergangener Zeiten sind – hoffentlich – für immer beendet.

Als 1994 der Katholikentag in Dresden begangen wurde, war es eine Selbstverständlichkeit, dass Gottesdienste und Foren in evangelischen Kirchen und Gemeinderäumen stattfanden. Umgekehrt beteiligten wir Katholiken uns beim Evangelischen Kirchentag 2011 in verschiedenster Weise mit am Programm. Es war auch unser Kirchentag. Das spürten wir besonders im Zentrum unserer Stadt. Es war schon etwas Besonderes, dass bei der Eröffnungsveranstaltung der katholische Bischof Joachim Reinelt zu Wort kam. Ebenso sprach der evangelische Landesbischof Jochen Bohl, als wir Katholiken 2011 in feierlicher Prozession die Urnen der drei im KZ Dachau umgekommenen Priester unseres Bistums vom Friedhof in die Kathedrale übertragen haben. Das allein zeigt, wie fast selbstverständlich die verschiedenen Anlässe der je anderen Konfession wahrgenommen und mit begangen werden. Mit Freude habe ich als katholischer Nachbarpfarrer die Einladung angenommen, beim Wiederaufbau der Dresdner Frauenkirche in der theologischen Kommission mitarbeiten zu dürfen. Heute feiern wir jedes Jahr gemeinsam den Weihetag dieser Kirche mit einem ökumenischen Abendgottesdienst. Wir brauchen einander in einer Umwelt, deren religiöser Grundwasserspiegel sehr tief gesunken ist. Hier gilt kein Konkurrenzdenken mehr zwischen den Konfessionen, sondern ein Mittragen und sich Mitfreuen mit dem Anderen.

Wie gut ist es, dass auf kirchenmusikalischem Boden vieles gemeinsam geplant und durchgeführt wird. Der evangelischer Kreuzchor und die katholischen Kapellknaben singen gemeinsam. Dabei denke ich besonders an die ökumenischen Eröffnungsgottesdienste zum Dresdner Weihnachtsmarkt, dem sogenannten Striezelmarkt. Grundvoraussetzung allen ökumenischen Bemühens ist die menschliche Ebene, auf der man sich zuerst finden muss, bevor man gemeinsam betet und die Heilige Schrift liest. Die ökumenischen Bibelwochen, gemeinsam mit den benachbarten Gemeinden im Zentrum der Stadt, sind über Jahrzehnte inzwischen eine Selbstverständlichkeit geworden. Gemeinsam gehen wir auch politische Schritte, wenn es darum geht, gegen rechtsextremes Den-

Kathedrale Ss. Trinitatis – der Allerheiligsten Dreifaltigkeit geweiht (ehemalige katholische Hofkirche), erbaut 1739 bis 1751 unter König August III. von Gaetano Chiaveri

ken Farbe zu bekennen. In den Tagen der politischen Wende standen wir gemeinsam auf der Seite der Demonstranten und haben denen Vertrauen und Mut geschenkt, die es wagten, sich gegen ein verkrustetes Unrechtsregime zu stellen.

Zu den gemeinsamen ökumenischen Aktivitäten gehört das »Ökumenische Informationszentrum«, das von den Kirchen der Stadt getragen wird und inzwischen auf eine über zwanzigjährige fruchtbare Arbeit zurückblickt. Ferner ist es gelungen, trotz der schwierigen Be-

dingungen zu Zeiten der DDR eine ökumenische Telefonseelsorge auf die Beine zu stellen. Telefone waren damals eine Rarität. Ein Arzt war es, der sein Telefon in den Abendstunden dafür zur Verfügung stellte. Wie viel Hilfe und Segen mag wohl aus dieser Arbeit entsprungen sein. Dazu gehören viele andere gemeinsame Initiativen auf karitativem Gebiet.

Es hat sich viel in den Beziehungen unserer beiden Konfessionen verändert. Es geht um das Reich Gottes, das wir in unseren Kirchen verkünden. Wir sind gemeinsam unterwegs. Und das ist gut so. Für uns Katholiken wird es in der Vorbereitung auf das Reformationsjubiläum wichtig sein, uns mit Martin Luther und

seinen Anliegen der Reformation zu beschäftigen. In einer Zeit, in der allerorten nach Reformen in der Kirche gerufen wird, sollte man den Reformator nicht außen vor lassen, sondern eine ehrliche Auseinandersetzung wagen. Auch das könnte ein wichtiger Schritt auf dem Weg der Ökumene sein, der uns weiterführen und zusammenführen wird. ●

▶ **KLEMENS ULLMANN** ist Dompfarrer an der Kathedrale und Dekan des katholischen Dekanates Dresden.

Brücken bauen – Versöhnung leben – Glauben stärken

Die Dresdner Frauenkirche

VON SEBASTIAN FEYDT

Wer sich auf den Weg macht, die Dresdner Frauenkirche kennenzulernen, kommt an Martin Luther nicht vorbei. Schon sein Denkmal auf dem Neumarkt vor der Kirche ruft die große Geschichte der Reformation wach, in deren Folge Anfang des 18. Jahrhunderts die lutherisch geprägte Bürgerschaft Dresdens die Frauenkirche errichten ließ. Zweihundert Jahre lang war die Frauenkirche einer der bedeutendsten lutherisch geprägten Kirchenbauten Europas.

An Martin Luther kommt aber auch nicht vorbei, wer sich der Geschichte der Zerstörung der Frauenkirche am Ende des Zweiten Weltkrieges erinnert und

fragt: Wie war es möglich, dass vier Jahrzehnte danach, unmittelbar nach der Friedlichen Revolution 1989, der Wille zum Wiederaufbau dieser Kirche eine solche Kraft entwickelte, dass er zum Symbol des deutschen und europäischen Einigungsprozesses werden konnte?

Es ist das reformatorische Bekenntnis zur Freiheit, es ist Luthers frei machendes Glaubensverständnis, aus dem das bürgerschaftlich-protestantische Engagement für Freiheit und Demokratie seine Kraft schöpfte. Der Wiederaufbau der Frauenkirche wurde so zu einem weltweit beachteten Zeichen reformatorischer Glaubensgewissheit, verbunden mit der großen Hoffnung, dass Leid und Zerstörung überwunden werden können,

weil neues Leben möglich wird. In diesem Geist wachsen Versöhnung und Frieden.

Gleichsam im Windschatten des Denkmals Martin Luthers wuchs so in den Jahren zwischen 1993 und 2005 aus dem toten Trümmerberg wieder ein lebendiges Gotteshaus empor. Hunderttausende in aller Welt waren davon angesprochen und zutiefst berührt. Ganz gleich, welcher Konfession oder Religion: Sie fühlten sich eingeladen, an dem großen Werk mitzuwirken. Sie wollten dabei sein: »Brücken bauen« und »Versöhnung leben«. Später ist diesem Motto der Frauenkirche der Auftrag hinzugefügt worden: »Glauben stärken«. Insbesondere das in England gefertigte und als Geschenk des britischen Volkes durch den Herzog von Kent überbrachte neue Turmkreuz auf der Spitze der Kirche kündet heute weithin sichtbar von der Ausstrahlung und der Kraft des christlichen Glaubens. Und es ist ein eindrückliches Zeichen der Versöhnung zwischen vormals verfeindeten Völkern.

Als am Ende des Wiederaufbaus die äußeren Gerüste um die Kirche nach und nach fielen, galt es, gleichsam ein geistliches Gerüst des Lebens im Inneren der Kirche einzuziehen. Tägliche Andachten mittags und abends, immer verbunden mit einer zentralen Kirchenführung, regelmäßige geistliche Impulse, während die Kirche geöffnet ist, und Führungen sowie gestaltete Besichtigungen gehören ebenso dazu wie die beiden Gottesdienste an Sonn- und Feiertagen. Durch den reichen Schatz der Kirchenmusik erhalten die Gottesdienste einen besonderen, festlichen Charakter. Ebendazu dient die einzigartige Gestalt der Frauenkirche: Gottesdienste zu feiern, in denen Wort und Musik gleichermaßen die Gemeinde ansprechen, um Gottes lebendige Gegenwart zu feiern.

Wer heute in die Frauenkirche kommt, begegnet sofort der Prägung des Gotteshauses durch die Lehre Martin Luthers. Schon nach wenigen Schritten steht man im einladenden Kreisrund des barocken Zentralbaus George Bährs. Kaum ein anderer europäischer Kirchenbaumeister seiner Zeit hat so im Geist Martin Luthers gewirkt wie dieser Dresdner Ratszimmermeister. Einzigartig, wie er in seiner Kirche die Blicke lenkt: Zuerst zum Altar, der den demütig knienden Christus am Ölberg zeigt, dann über die Gloriole über dem Altar mit dem Gottesauge in der Mitte hinauf zur Orgel. Sie krönt die Botschaft des Altars. Und dann wandert der Blick hinein in die Kuppel, die sich über der Gemeinde erhebt. Unter dieser Kuppel wird die Gemeinde emporgehoben. Das Priestertum aller Gläubigen, wie von Martin Luther vertreten, kommt in der fast global anmutenden Gemeinschaft der Menschen zum Tragen. Hoch oben, inmitten der Kuppel, ist dann über allen der Himmel offen gehalten.

Mitten im Kirchenschiff ragt die Kanzel wie ein Schiffsbug hinein in die Gemeinde. Näher heran an die Menschen kann das Wort kaum kommen. Und es kann als das Evangelium des Friedens die Herzen der Hörer erreichen. Gottesdienstbesucher aus Dresden, der sächsischen Umgebung, aus Deutschland und aller Welt lassen sich davon ansprechen.

Gäste der Frauenkirche haben die Gelegenheit, während ihres Aufenthaltes im Kirchenschiff Platz zu nehmen und dem Klang der Orgel zu lauschen. Einst von dem berühmten Orgelbaumeister Gottfried Silbermann errichtet, ist es heute ein Instrument der Firma

Kern aus Straßburg, mit dem die große Tradition protestantischer Orgelmusik zum Klingen gebracht wird: »Allein Gott zur Ehre« – *soli deo gloria* –, wie es oberhalb des Orgelprospekts an der Decke des Chorraums mit den drei Buchstaben »S D G« festgeschrieben steht. Johann Sebastian Bach, der Mitte des 18. Jahrhunderts die Stufen zur Orgel der Frauenkirche hinaufgestiegen war, um sie zu spielen, bereichert noch heute mit der Aufführung der von ihm hinterlassenen Kirchenkantaten, Motetten und Orgelwerke Gottesdienste und Konzerte. Chöre und Ensembles der Frauenkirche musizieren heute ganz im Sinne der bildenden Kraft, die Martin Luther der *musica sacra* verliehen hat.

Ein Bildungsort besonderer Art ist die Frauenkirche heute für alle, die mit verschütteten religiösen Vorstellungen oder ohne konfessionelle Bindung in die Schule des Glaubens gehen wollen. Bei Vorträgen, Diskussionen und Lesungen wird der Kirchraum zu einem Forum für die Fragen der Zeit und zu einem Ort der Begegnung zwischen den Generationen. Glaube und Zweifel kommen zu Wort, wenn sich Jahr für Jahr Erwachsene in der Passionszeit im »Religionskurs für Neugierige« auf ihre Taufe oder ihre Konfirmation in der Osternacht vorbereiten. Oder wenn das Pfingstfest mit einer Peace Academy junge Menschen aus aller Welt und in vielen Sprachen in der Frauenkirche zusammenführt und sie sich gemeinsam beispielsweise auf die Suche nach »Friedenstreibern« in unserer Zeit begeben. Eindrücklich begegnet ihnen dabei das Nagelkreuz. Es ist eine Gabe der Kathedrale in Coventry. Bereits vor der feierlichen Weihe der Frauenkirche war es am 13. Februar 2005, 60 Jahre nach dem Einsturz der Frauenkirche, überbracht worden und hat heute auf

Gestiftet vom britischen Volk und vom Königshaus Großbritanniens wurde vom Sohn eines Piloten, der Dresden einst bombardierte, ein neues Turmkreuz gefertigt, das als Zeichen der Versöhnung von der Kuppel der Frauenkirche strahlt. Das alte Turmkreuz der Frauenkirche, das bei der Enttrümmerung 1993 gefunden wurde, steht als Mahnmal in der Frauenkirche

dem verwundet belassenen Altartisch seinen Platz. Es zeugt von dem Willen zur Versöhnung und der Kraft des Friedens. Ebenso wie ein weiteres, eindrückliches Kreuz, das am Rand des Kirchenschiffs seinen Ort gefunden hat: das vormalige Turmkreuz. Wie es in den Trümmern der eingestürzten Kirche 1993 geborgen werden konnte, so ist es heute zu sehen: vom Feuer gezeichnet, deformiert, aber nicht zerstört. Ein Lichtermeer stellt dieses Kreuz heute in ein neues Licht. Alle, die in die Frauenkirche kommen, sind eingeladen, eine Kerze zu entzünden und sie unter dem alten Turmkreuz abzustellen. Die Kerzen erhellen die Botschaft, die sich mit dem Wiederaufbau und dem heutigen Leben in der Frauenkirche verbindet: Friede sei mit Euch! Wer in die Frauenkirche kommt, kommt an dieser Botschaft nicht vorbei. ●

▶ SEBASTIAN FEYDT
ist seit 2007 Pfarrer
der Dresdner Frauenkirche.

Kirche für die Stadt

—

VON MIRA KÖRLIN

Neuankömmlinge in Dresden, die sich über »Kirche in Dresden« informieren wollen, finden dazu im Haus an der Kreuzkirche eine gute Möglichkeit: im »K-Punkt« der Dresdner Kirchen. Das »K« steht für: »Kirche – Kaffee – Kommunikation«. Im K-Punkt wird nicht nur Kaffee ausgeschenkt, sondern hier erfahren Gäste der Stadt, was sie in den Dresdner Kirchen erwartet an Veranstaltungen, Konzerten, Gottesdiensten – aber auch an Möglichkeiten für Kommunikation und Beratung. Nicht immer steht der Liedermacher Gerhard Schöne – wie hier auf dem Bild – vor dem K-Punkt, um mit Besuchern Dresdens über das Thema »Kirche« ins Gespräch zu kommen.

Vis-à-vis dem K-Punkt ziehen zwei gewaltige Steinblöcke – die »Steine des Anstoßes« – die Blicke vorbeieilender Touristen auf sich: das im Jahr 2010 an der Kreuzkirche errichtete Denkmal »Schwerter zu Pflugscharen – Steine des Anstoßes für eine Bewegung, die das Land veränderte«, das vom Mut und der bürgerlichen Zivilcourage der Dresdner in den achtziger Jahren zeugt. Am Stein ist das Zeichen der christlichen Friedensbewegung »Schwerter zu Pflugscharen« angebracht, das den Pazifismus eines biblischen Propheten zitiert (Micha 4,3) und das Denkmal zeigt, das der russische Künstler Jewgeni Wutschetitsch 1959 für das UNO-Gebäude in New York schuf mit der Darstellung eines Mannes, der ein Schwert in einen Pflug umschmiedet. Das Datum »13. Februar 1982« erinnert an eine kritische Situation. Zahlreiche Jugendliche der oppositionellen Friedensbewegung hatten anlässlich des 37. Jahrestages der Luftangriffe auf Dresden zu einer »Gedenkfeier« an der Frauenkirche aufgerufen. Um einen Konflikt mit der Polizei zu verhindern, lud die Evangelisch-Lutherische Landeskirche Sachsens die Demonstranten zu einem »Forum Frieden« in die Kreuzkirche ein. Etwa 5.000 Menschen nahmen an diesem Diskussionsforum teil. Im Anschluss zogen mehrere hundert Jugendliche zur Ruine der Frauenkirche, wo sie Kerzen anzündeten und Lieder sangen. Dieser friedliche Protest steht exemplarisch für das politische Engagement der Dresdner Kirchen, das sich auch in den Ereignissen der Friedlichen Revolution in Dresden widerspiegelt, als am 8. Oktober 1989 ein Gesprächsprozess der gewaltlosen Demonstranten mit den Machthabern von Polizei und Staatsapparat initiiert wurde. Friedensstiftend und moderierend, gelegentlich auch mahnend, bringen Dresdner Kirchenvertreter sich ein in die alljährlichen Debatten um das »richtige Erinnern« am 13. Februar. Dazu gehört auch der Protest gegen Versuche rechtsradikaler Gruppen, den Gedenktag für ihre Zwecke zu missbrauchen.

Neben diesen besonderen Herausforderungen, denen sich die Kirche in Dresden zu stellen hat, wird in den Kirchgemeinden auch die »ganz normale« Arbeit getan. Als Beispiel sei hier die Konfirmandenarbeit genannt. Im Stadtjugendpfarramt sind die Arbeitsbereiche »Kinder und Jugend« für beide Dresdner Kirchenbezirke gut vernetzt. Die Mitarbeiter stärken die Gemeinden konzeptionell und auch personell. Aktuell entstehen neue Ideen für die Arbeit mit Konfirmanden. So gibt es anstelle der wöchentlichen Konfirmandenstunde seit einigen Jahren ein stadtweites KonfiCamp und erlebnispädagogisch gestaltete Wochenenden für die Heranwachsenden. Insgesamt gibt es in 26 Kirchgemeinden und zwei Kirchspielen 400 Gruppen mit regelmäßigen Angeboten für Kinder und Jugendliche. 1.700 Heranwachsende fühlen sich hier wohl und finden ein Stück Heimat. Zudem nehmen jährlich 900 Jungen und Mädchen an Kinder- und Jugendfreizeiten teil.

Ein Beispiel für das soziale Engagement der Dresdner Kirchen ist das ökumenische »Nachtcafé« im Winterhalbjahr. Finanziell getragen von allen evangelischen Gemeinden öffnen vier lutherische Kirchen gemeinsam mit zwei katholischen Gemeinden und der Heilsarmee täglich ihre Türen, um Wohnungslosen eine Herberge zu bieten.

Einmalig in den ostdeutschen Bundesländern ist die Arbeit des Ökumenischen Informationszentrums in Dresden. Hier geben kompetente Gesprächspartner Antwort auf Fragen zu Frieden und gewaltloser Konfliktlösung, Umwelt und Entwicklungspolitik. Sie engagieren sich in der Migrationsberatung und im Trialog zwischen Christen, Juden und Muslimen. Es zeigt sich dabei, dass die Themen der ökumenischen Bewegung, die in den Jahren 1988/89 zur Ökumenischen Versammlung in der DDR und auch zur Friedlichen Revolution führten, weiterhin auch im lokalen Vollzug verständlich durchbuchstabiert werden müssen.

Dresden ist eine Stadt der Musik – und damit auch der Kirchenmusik. Dazu gehören nicht nur die Konzerte des Kreuzchores und Konzerte in den City-Kirchen, sondern auch die vielfältigen kirchenmusikalischen Aktivitäten in den Kirchgemeinden der Stadt. Monatlich gibt es an die hundert Musiken von Klassik über Gospel bis Jazz. Bei den unzähligen Singe- und Musizierangeboten werden wöchentlich mehrere tausend Erwachsene und Kinder erreicht. Über die vielfältigen Angebote der Kirchenmusik in Dresden informiert gern der K-Punkt an der Kreuzkirche bei einem »Dässchen Heeßen«. Schauen Sie mal vorbei! ●

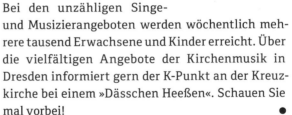

▶ **MIRA KÖRLIN**
   ist Beauftragte für Öffentlichkeitsarbeit
   der Dresdner Kirchenbezirke.

....

▶ **KIRCHE IN DRESDEN**
   Aktuelle Informationen im Internetportal
   »Evangelisch in Dresden«: www.kirche-dresden.de

Meißen

Exkursion zur »Wiege Sachsens«

—

VON HANS-PETER HASSE

Meißen gilt als die »Wiege Sachsens«. Über die Gründung der Burg Meißen im Jahr 929 durch König Heinrich I. berichtet der Chronist Thietmar von Merseburg (975–1018): »An der Elbe ließ er [König Heinrich I.] einen damals dicht mit Bäumen bestandenen Berg bebauen. Dort schuf er die Burg, die er nach einem Bach, der nördlich des Berges fließt, Meißen nannte.« Damit war die Mark Meißen, das heutige Sachsen geboren. Von der Burg Meißen aus wurde in der Folgezeit die Slawenmission betrieben. Im Jahr 968 gründete Kaiser Otto I. das Bistum Meißen durch die Einsetzung von Bischof Burchard. Seit der Mitte des 13. Jahrhunderts wurde der romanische Vorgängerbau des Domes durch einen hochgotischen Bau ersetzt, der heute zu den unverzichtbaren Sehenswürdigkeiten im Dresdner Elbtal zählt. Hier finden wir herausragende Kunstwerke des Mittelalters wie die Figuren der Stifter und Bistumsheiligen,

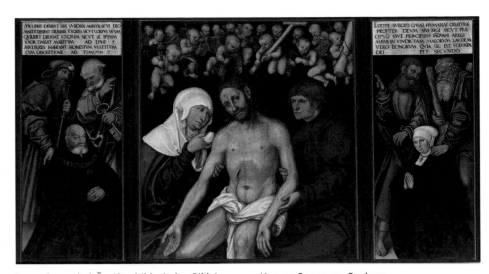

Lucas Cranach d. Ä.: Altarbild mit den Bildnissen von Herzog Georg von Sachsen und seiner Frau Barbara von Polen, 1534. Georgskapelle im Dom zu Meißen

Der Titelholzschnitt der von Hieronymus Emser 1517 herausgegebenen Lebensbeschreibung des heiligen Benno, der von 1066 bis 1106 als Bischof in Meißen wirkte und durch seine Heiligsprechung 1523 zum »sächsischer Landesheiligen« aufstieg, zeigt das im 14. Jahrhundert errichtete Hochgrab Bennos im Meißner Dom, zu dem im Spätmittelalter große Menschenmengen pilgerten, weil sie dort Heilungswunder erwarteten

die dem »Naumburger Meister« zugeschrieben werden. Daneben gibt es im Dom zu Meißen auch Bildwerke aus der Zeit der Reformation. Mit der Georgskapelle ließ Herzog Georg von Sachsen (1471–1539) in den Jahren 1521 bis 1524 für sich und seine Frau Barbara von Polen eine Grablege errichten. An der Ostwand ist ein Triptychon angebracht, das früher zum Altar der Begräbniskapelle gehörte. Herzog Georg hatte den Flügelaltar nach dem Tod seiner Frau Barbara 1534 gestiftet und bei Lucas Cranach d. Ä. in Auftrag gegeben. Das Triptychon zeigt Christus als den leidenden Schmerzensmann, der von Maria und Johannes gestützt wird. Darüber schweben Engel mit den Marterwerkzeugen der Passion Christi. Links ist Herzog Georg dargestellt, hinter ihm sein Schutzpatron, der heilige Jakobus mit der Jakobsmuschel, und Petrus. Rechts kniet Herzogin Barbara, hinter ihr stehen ihr Schutzpatron, der heilige Andreas, und der Apostel Paulus. Unter den lateinischen Bibelzitaten findet sich auch der Satz: »Die Männer sollen ihre Frauen lieben wie ihren eigenen Leib.« (Epheser 5,28) Von Herzog Georg ist bekannt, dass er sich nach dem Tod seiner Frau einen Bart wachsen ließ, der ihm später den Beinamen »der Bärtige« eintrug.

Herzog Georg vertrat zeitlebens eine entschieden anti-reformatorische Religionspolitik. Erst nach seinem Tod am 17. April 1539 war im albertinischen Sachsen der Weg dafür frei, die Reformation einzuführen. Zehn Tage nach dem Tod Georgs fand im Meißner Dom der erste evangelische Gottesdienst statt. Im Juli 1539 wurde das Grab des heiligen Benno im Meißner Dom zerstört, dessen Heiligsprechung (1523) Herzog Georg in einem aufwendigen Prozess betrieben hatte. Mit diesem rigiden Akt wurde die Überwindung der spätmittelalterlicher Frömmigkeit durch die Lehre Luthers demonstriert, der die Heiligsprechung Bennos in Flugschriften kritisiert und in Frage gestellt hatte. ●

▶ **WEITERFÜHRENDE LITERATUR**
Matthias Donath, Der Meissner Dom: Monument sächsischer Geschichte, Beucha 2002

▶ **DOMBESICHTIGUNG**
Im täglich geöffneten Dom wird regelmäßig zu Gottesdiensten, Dommusiken und Führungen eingeladen. Im Dommuseum werden Kunstwerke, Quellen und Schätze des Mittelalters und der Reformationszeit präsentiert
Informationen: www.dom-zu-meissen.de

Die Reformatoren im Himmel

Exkursion elbaufwärts: Pirna

—

VON HANS-PETER HASSE

Stadtkirche
St. Marien in Pirna

▶ S. 95
Martin Luther als
Evangelist Lukas mit
dem Stier und Philipp
Melanchthon als
Evangelist Markus
mit dem Löwen im
Himmel. Deckenge-
mälde in der Stadt-
kirche St. Marien in
Pirna, 1544/46

In der Stadtkirche St. Marien in Pirna befindet sich ein außergewöhnliches Beispiel reformatorischer Bildkunst. Die in den Jahren 1544/46 entstandenen Deckenmalereien bieten ein geschlossenes reformatorisches Bildprogramm mit biblischen Motiven. Als Evangelisten sind hoch im Gewölbe die Reformatoren Martin Luther und Philipp Melanchthon auf Wolken sitzend dargestellt mit der Feder und der Heiligen Schrift in den Händen. An anderer Stelle sind im Gewölbe die Wappen von Luther (Rose), Melanchthon (eherne Schlange), Justus Jonas (Jona und der Fisch) und Johannes Bugenhagen (Harfe) dargestellt. Neben zahlreichen Motiven, Geschichten und Gestalten aus dem Alten und Neuen Testament finden sich an der Decke der Kirche auch die Tugenden Glaube, Liebe, Hoffnung, Geduld, Gerechtigkeit und Stärke sowie in großer Zahl

deutsche und lateinische Bibelzitate. Nicht mehr erhalten ist das Spottbild auf den aus Pirna stammenden Ablassprediger Johann Tetzel, das noch bis zum Jahr 1800 an der Nordwand zu sehen war. Das Bildprogramm für die Deckengemälde dürfte von dem Pirnaer Reformator Anton Lauterbach (1502–1569) stammen, der mit Luther und Melanchthon befreundet war. Der aus Stolpen stammende Lauterbach studierte in der Zeit von 1528 bis 1533 in Wittenberg, wo er Vorlesungen und Predigten Luthers mitschrieb. Zeitweilig wohnte er in Luthers Haus. In den Jahren von 1536 bis 1539 wirkte er als Diakon an der Wittenberger Stadtkirche. In dieser Zeit saß er oft an Luthers Tisch, wo er dessen »Tischreden« in seinem Tagebuch notierte. Als nach dem Tod von Herzog Georg von Sachsen (1539) die Reformation im albertinischen Sachsen eingeführt wurde, wählte ihn der Pirnaer Rat zum Superintendenten. Nach seiner Ankunft am 25. Juli 1539 hielt Lauterbach die erste evangelische Predigt in Pirna. Als Reformator des Pirnaer Kirchenwesens war er auch für die Stadtkirche St. Marien zuständig, deren Bau 1546 vollendet wurde. In der Kirche erinnert das Epitaph Lauterbachs an sein Wirken.

Noch ein weiterer Erinnerungsort in Pirna verbindet sich mit der Reformation: das »Tetzelhaus« in der Schmiedestraße 19. Es wird angenommen, dass in diesem Haus Johann Tetzel (um 1465–1519) geboren wurde. Tetzel studierte in Leipzig Philosophie und Theologie und trat in den Dominikanerorden ein. Seit 1509 wirkte er als Inquisitor. 1516 wurde er von Erzbischof Albrecht von Mainz als Ablasskommissar eingesetzt. Seine Ablasspredigten forderten den Protest und Widerspruch Martin Luthers heraus. Tetzel besuchte wiederholt seine Heimatstadt. Im restaurierten »Tetzelhaus« in Pirna befindet sich die älteste Bohlenstube Sachsens (1381), die im Rahmen einer Stadtführung besichtigt werden kann. •

▶ **WEITERFÜHRENDE LITERATUR**
Albrecht Sturm (Hg.), Die Stadtkirche
St. Marien zu Pirna, Pirna 2005;
Walter Lechner, Anton Lauterbach. Pirnas
Reformator. Freund Luthers, Pirna 2004

· ·

▶ **WEGE VON DRESDEN NACH PIRNA**
Alternativen zum Auto und zur S-Bahn: Fahrt
mit dem historischen Raddampfer auf der
Elbe oder mit dem Fahrrad auf dem Elberadweg

NON ERVBESCO
EVANGELION
EST ENĨ VIRTͦ
AD SALVTEM
OMNI CREDEN
TI.

RÕ. I

Impressum

**DRESDEN
ORTE DER REFORMATION**
Journal 11

Herausgegeben von
Hans-Peter Hasse und
Christoph Seele

Gefördert durch die Evang.-Luth.
Landeskirche Sachsens und die
Landeshauptstadt Dresden, Amt
für Kultur und Denkmalschutz

Die Deutsche Bibliothek verzeichnet diese Publikation in der
Deutschen Nationalbibliographie;
detaillierte bibliographische
Daten sind im Internet über
http://dnb.ddb.de abrufbar.

IDEE ZUR JOURNALSERIE
Thomas Maess, Publizist,
und Johannes Schilling,
Reformationshistoriker

**GRUNDKONZEPTION
DER JOURNALE**
Burkhard Weitz,
chrismon-Redakteur

COVERENTWURF
NORDSONNE IDENTITY, Berlin

COVERBILD
Stefan Behr

LAYOUT
NORDSONNE IDENTITY, Berlin

BILDREDAKTION
Hans-Peter Hasse

ISBN 978-3-374-03728-5
www.eva-leipzig.de

**PD DR. HANS-PETER
HASSE,** Herausgeber

CHRISTOPH SEELE,
Herausgeber

www.luther2017.de

Bildnachweis

Stefan Behr: Titelbild Einband,
S. 2 (2 x), 3 (unten), 4–5, 10, 16, 17 (2 x),
18, 19, 20-21 (3 x), 23, 24, 26, 27 (oben
links), 28, 30, 40, 44 (oben), 69, 71,
72–73, 74–75, 77, 78, 80, 82, 83 (2 x), 87
(oben), 92, 94, 96 (Porträtfoto Hasse).
**Bode-Museum Berlin,
Skulpturensammlung:** S. 48
(unten, Foto: Andreas Praefcke).
Jochen Bohl: S. 1.
Herbert Boswank: S. 95.
Dresdner Nachtcafé: S. 91.
Ludwig Güttler: S. 97
(Foto: Juliane Njankouo).
Hochstift Meißen: S. 93 (unten).
Mira Körlin: S. 90.
**Landesamt für Denkmalpflege
Sachsen, Dresden:** S. 32, 45.
Landeshauptstadt Dresden: S. 11.
Ralf Lehmann: S. 12-13.
Nordsonne Identity: S. 14–15 (Karte).
Kreuzchor Dresden: S. 76, 84, 85
(Fotos S. 76–85: Matthias Krüger).
Karl-Ludwig Oberthür: S. 8–9.
Udo Pellmann: S. 25, 46.
Karsten Prauße: S. 36.
Otto Richter: Geschichte der Stadt
Dresden. Bd. 1. 1900, S. 253: S. 42.
**Sächsische Landesbibliothek –
Staats- und Universitätsbibliothek
Dresden (SLUB):**
S. 34, 35 (2 x), 43, 49 (rechts), 54–55
(entnommen aus: Johann Jakob Weber:
Katechismus der Buchdruckerkunst,
1901, Abb. 65), 56, 57.
SLUB, Deutsche Fotothek: S. 27
(oben rechts, Foto: Peter Richard),
31 (Dresdner Digitalisierungszen-
trum: Nr. 2012.06), 44 (2 x: Mitte, Foto:
Christa Hüttel; unten, Foto: Rudolf
Kramer), 49 (links, Foto: Roland
Handrick), 81 (Foto: Peter Richard).
Christoph Seele: S. 96 (Porträtfoto
Seele, Foto: Steffen Giersch).
**Städtische Galerie Dresden,
Kunstsammlung, Museen der Stadt
Dresden:** S. 3 (oben), 38–39, 41, 51
(Foto: Franz Zadniček).
**Staatliche Kunstsammlungen
Dresden (SKD):** SKD, Gemälde-
galerie Alte Meister: S. 58–65 (9 x).
SKD, Grünes Gewölbe: S. 27, 67, 68,
70 (Fotos 27–70: Jürgen Karpinski).
SKD, Münzkabinett: S. 47, 52
(Foto: Roger Paul).
SKD, Rüstkammer:
S. 50 (Foto: Hans-Peter Klut),
66 (Foto: Franz Zadniček).
SKD, Skulpturensammlung:
S. 6–7 (Foto: David Brandt).
Stadtmuseum Dresden:
22 (Foto: Franz Zadniček).
Janos Stekovics: S. 93.
Stiftung Frauenkirche Dresden:
S. 88, 89.
Klemens Ullmann: S. 87.
**Universitäts- und Landesbiblio-
thek Halle/ Saale:** S. 48 (oben).
Johannes Winkelmann: S. 27
(oben Mitte).